サクッとわかるビジネス教養

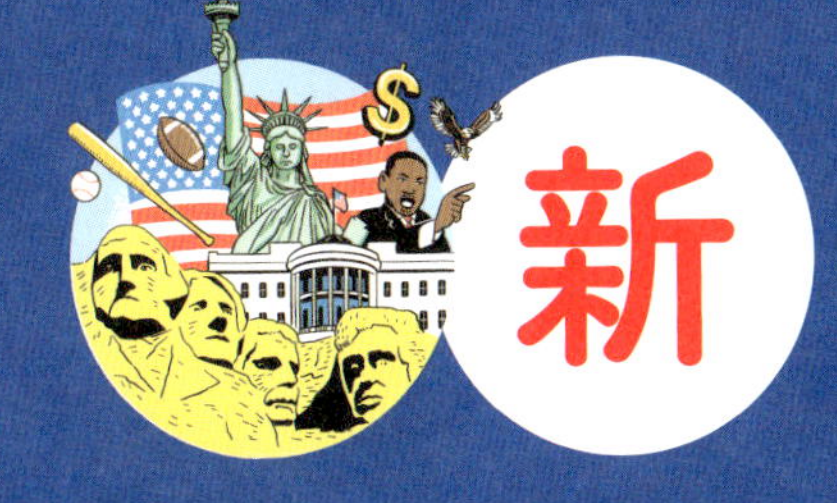

新 アメリカ

新星出版社

はじめに

introduction

多くの人が知っているようで知らない国、アメリカは現在、大きな過渡期を迎えている

日本国内において、アメリカは、テレビ番組やインターネットニュースなどで日常的にもっとも目にする機会の多い国の1つです。学生時代などには、アメリカの「建国の歴史」などを学んだ人も少なくないでしょう。

多くの人がなんとなく知っている国であるアメリカ。では、「一体どんな国ですか？」と聞かれたら、なんと答えますか？

例えば「大統領選挙」「銃社会」「米軍基地」「GAFAM」「西部開拓」といったようなキーワードは思いつくと思いますが、アメリカがどんな国なのかを総合的に答えられる人は少ないのではないでしょうか。

本書では、〝政治〟や〝軍事〟といった特定のテーマを決めていません。PART1で歴史や政治、宗教といったアメリカの基本的な情報、PART2で軍事や学術研究とカルチャー、ビジネスといった〝世界一〟と考えられる分野について、PART3で、人種差別や銃、格差など現在のアメリカの〝かげり〟となる部分、最後のPA

ＲＴ４では、主に日米関係について紹介しています。アメリカにおいて、かなり広い領域について、知るきっかけになるはずです。

本編で紹介している通り、現在、アメリカは、国内では社会的な分断が広がり、国外では中国の台頭などを受け、大きな過渡期を迎えています。

今後も世界の覇権国であり続けるのか、それとも、かつての〝孤立主義〟に戻るのか、はたまた、まったく異なる路線を進んでいくのかは誰にもわかりません。

世界でもっともプレゼンスの高い国の動向ですから、どんな方向に進むにしても、多くの分野への影響は避けられず、特にビジネスにおいては大きな影響があるはずです。

もちろん本書を読んだだけで、「アメリカとは○○な国であり、今後は○○となっていく」などということはわからないでしょう。しかし、アメリカについて考える手がかりになれば、これに勝る喜びはありません。

米国総合研究会

サクッとわかるビジネス教養

CONTENTS

アメリカ

AMERICA

目次

PART 1

アメリカの基本

まずはざっくり アメリカの 地理……42

まずはざっくり アメリカの 宗教……48

PART 2 世界一の国としてのアメリカ

PART 3

アメリカのかげり

PART 4

アメリカと日本

STAFF
デザイン／鈴木大輔・仲條世菜（ソウルデザイン）
イラスト／前田はんきち
DTP／高八重子・白鳥光

※本書の情報は2024年8月時点のものになります。
掲載されているイラストや地図はイメージです
※国旗は、現在のものを使用しています
※本書では、1ドルを150円として計算しています

先にできたのは植民地（現在の州）

ヨーロッパの植民地時代
イギリスに対抗！
みんなで
まとまんない？
それは
どうやるの？

日本と大きく異なる国の成り立ち

多くの日本人にとって、日常的に触れる機会がもっとも多い国の1つ、アメリカ。ニュースや新聞などで頻繁に目にするため、十分に知っていると思っている人は少なくないのでしょう。

しかし、アメリカについて少し調べると、私たちにとって当たり前である日本とはまったく異なることがわかってきます。

その1つが国の成り立ち。アメリカは、日本のように

それが集まって**アメリカ**という国に

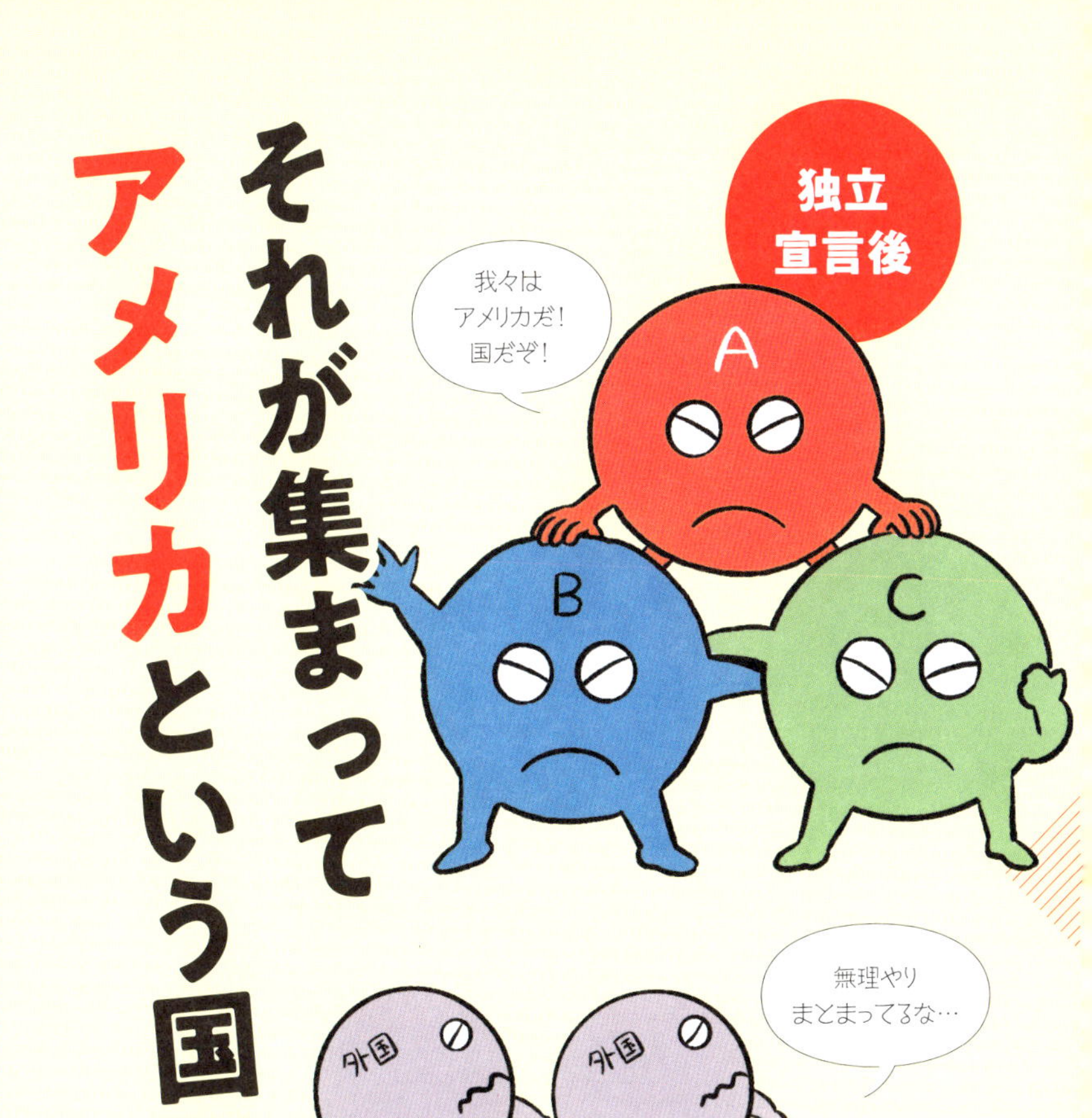

最初に決まった領土があり、そのなかで統一を目指す争いが起きて、1つの国になったわけではありません。

アメリカの場合、**最初にヨーロッパから北米に渡った移民が、グループごとに植民地をつくり**ました。そして、東海岸にあった13の植民地が、本国であるイギリスから独立するために、**手を組んで戦い、生まれたのがアメリカ**なのです。国の成り立ち1つでも、私たちの感覚とは大きく異なるといえるでしょう。

孤立主義キャラは最近

本来はヨーロッパと距離を置く孤立主義

現在、アメリカは国際社会のなかでも大きな存在感を発揮しています。私たちのイメージするアメリカは、世界各地で起きた紛争に介入したり、介入はせずとも積極的に支援を行ったりするなどして、世界のリーダーとしての役割を果たす姿でしょう。

しかし、**本格的に世界へ進出するようになったのは、実は第二次大戦後**。アメリカの約250年の歴史で、こ

本来は世界のリーダ

こ80年ほどのことなのです。

それまでは第5代大統領のモンローが示した、「アメリカはヨーロッパへ干渉せず、同時に、アメリカ大陸全域にヨーロッパが干渉することに反対する」という、**孤立主義**（モンロー主義）**が外交政策の基本理念**でした。

第二次世界大戦の前にも、外交政策や第一次世界大戦などでヨーロッパと関わることもありましたが、基本的には孤立主義がアメリカであり、現在の姿とは大きく異なるのです。

自衛に
必須だから銃の
規制に反対！

アメリカ
第一でいい
孤立主義に戻ろう

キリスト教の
聖書に忠実に！

宗教もからみる共和党と民主党

すべては
自己責任！
社会保障は不要

共和党

アメリカの右派政党。
小さな政府を志す自由主義や、
P12で紹介したような孤立主義を
信念としており、
アメリカの伝統的な価値観を
大切にする傾向があります。

民主党

左派政党である民主党。
社会保障の充実や銃規制の推進など、
積極的な政府のはたらきを重視。
また、多様性を尊重し、白人以外の
人種からも支持を集めています。

悲惨な事件が
起きないよう
銃規制に賛成！

銃に貧富に
アメリカを分断す

いくらなんでも
イスラエルは
やり過ぎ

貧しい人も
いるから
社会保障の充実

世界各国と
協調し
発展しよう

女性、有色人種、
LGBTQ＋の
人権を守ろう！

HISTORY

歴史

18ページ

植民地から世界の覇権国へつながる道すじ

ヨーロッパの植民地からはじまり、独立して国家建設、2度の世界大戦を経て世界の覇権国になるまでの歴史をみてみましょう。

GEOGRAPHY

地理

42ページ

日本の約26倍もの国土により地域ごとに個性がある

世界第3位の面積をほこるアメリカには、地域ごとに大きく異なる個性があり、多様でダイナミックな自然があふれています。

POLITICS、ELECTION

政治・選挙

56ページ

日本とかなり異なる部分が多い政治体制

アメリカの政治や選挙は、国会議員ではない国家元首の大統領や、選挙人の存在など、日本と異なる多くの点があります。

アメリカの基本

まずはアメリカの
基本情報をみてみましょう。

THE UNITED STATES OF AMERICA

RELIGION

宗教

世界でもっともキリスト教の影響の強い国家の1つ

キリスト教が建国に大きく関係しているアメリカ。現在も国民の半数以上がキリスト教徒であり、宗教の影響が色濃い国家です。

LAW

法律

「国」と「州」で異なる憲法が存在

日本では憲法といえば日本国憲法1つですが、アメリカには合衆国憲法に加え、州ごとに州憲法が存在しています。

アメリカの歴史

ネイティブ・アメリカンの時代 (→P20)

植民地の時代 (→P20)

独立戦争の時代 (→P22)

フロンティアの時代 (→P24)

南北戦争の時代 (→P26)

経済発展の時代 (→P28)

世界の覇権国が創られるまで

アメリカは、ネイティブ・アメリカンが住んでいた土地に、信仰の自由や大規模な農業など、さまざまな希望を抱いて**ヨーロッパから渡った人々が少しずつ自らの力で創り上げてきた**という歴史があります。

ヨーロッパの植民地からの独立や、世界一の経済大国にいたる経済発展、2度の世界大戦といったように、まずは大まかな歴史の流れをみてみましょう。

第一次世界大戦の時代

(→P30)

世界恐慌の時代

(→P32)

第二次次世界大戦の時代

(→P34)

本格的な世界進出の時代

(→P36)

冷戦の時代

(→P38)

同時多発テロ、イラク戦争の時代

(→P40)

アメリカの歴史

Point 1
植民地の時代

さまざまな事情で訪れた移民が植民地を建設

ピューリタンの信仰を求めて伝説の地へ

ニューイングランド

マサチューセッツ州など、北東６州のエリア。アメリカの独立がはじまった場所。

プロテスタントのクウェーカー教徒が建設

ペンシルベニア

クウェーカー教徒のウィリアム・ペンが建設。

ヨーロッパ移民が来る前にいた民族の総称

ネイティブ・アメリカン

氷河期には渡れたベーリング海峡を渡り、ユーラシア大陸から訪れたアジア系の狩猟民族といわれている。アパッチ族やナバホ族、チェロキー族など、さまざまな部族がいた。

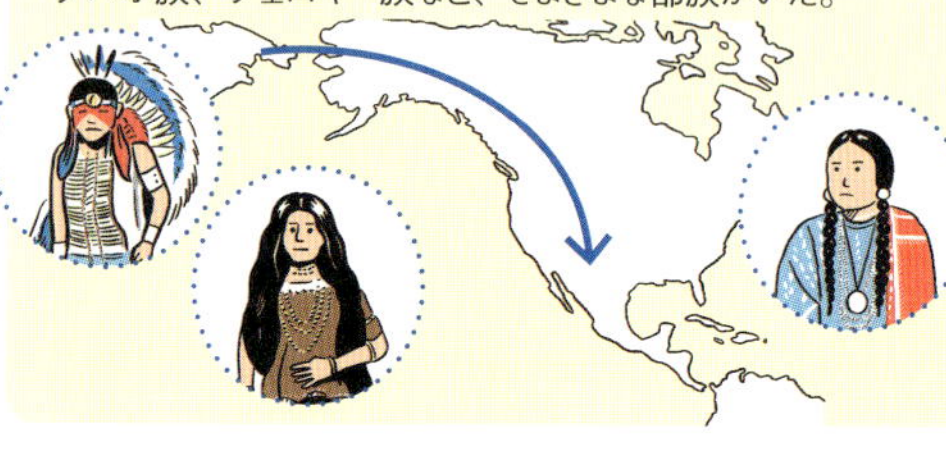

ビジネスや信仰から新しい大陸へ

最初に北米大陸に住みはじめたのは、約1万2000年前、ユーラシア大陸から渡ったアジア系狩猟民族と考えられており、ネイティブ・アメリカンの祖先とされています。コロンブスがアメリカの海域（実際に訪れたのは中南米）に到達してから、

ヨーロッパの
影響が少なく、
さまざまな特色の
植民地が誕生
先住民や黒人奴隷の
おかげで経済が発展
バージニア
黒人奴隷を基盤にした
農場経営などが進んだ。

ヨーロッパの白人移民が訪れるようになり、植民地を建設しました。

初期の植民地であるバージニアは、ビジネスが目的の移民が多く、タバコ栽培に成功しており、黒人奴隷が初めて連れて来られたのもこの場所です。北部のニューイングランドには、イギリスで宗教的な迫害から逃れたピューリタンが、自らの信仰を求めて訪れました。ペンシルベニアには、クウェーカー教徒が訪れ、植民地をつくります。**こうして、東海岸に植民地が建設**されていきました。

アメリカの歴史

Point 2
独立戦争の時代

民兵がイギリス軍と戦い新たな国家をつくる

［ イギリス ］

- 砂糖や印刷物、茶、ガラスなどから税金を取る
- 軍の駐留費用も負担せよ

国内世論から
積極的な支援なし
S
イギリスに
忠誠を
つくせ!

立憲主義と民主主義の新しい国家が誕生

東海岸に建築された13の植民地の本国イギリスは、財政赤字を解消するため、植民地への課税を強化。これには植民地（以後アメリカ）の同意がなく、抗議活動が起こるなど、対立を深めていきます。アメリカでは抵抗のため、各植民地の代

アメリカ

- 「代表なくして課税なし」から、不買運動
- 独立は当然の権利であり、常識だ!『コモン・センス』

独立後
合衆国憲法を
制定!
ヨーロッパの軍人が
義勇兵として参戦
V
当時の
アメリカの領土
独立宣言当時の
13 植民地
1783 年のパリ条約で
イギリスから獲得
共和国として
自由と平等を
得る!

表が集まり、**大陸会議が開催され、独立への機運が高まって**いきました。

1775年、イギリス軍と、植民地の武装した市民である民兵が衝突し、独立戦争が勃発。アメリカは苦戦しますが、独立の必要を訴えた『コモン・センス』という冊子の影響もあり、市民の独立への意識が強くなっていきました。開戦翌年には独立宣言が採決され、1783年、パリ条約でアメリカの独立が承認。**国民主権の国家として憲法が制定され、アメリカが誕生**しました。

アメリカの歴史

Point 3

フロンティアの時代

西へ西へと開拓を進め国土は独立宣言時の26倍に！

領土が西へ広がり、東海岸から西海岸まで到達

独立宣言時、13の植民地からはじまったアメリカですが、パリ条約（前ページ）により、ミシシッピ川の東側まで領土が拡大します。（P42）当時、ミシシッピ川の西側の多くはスペインからフランスへ返却された土地でしたが、1803年、フランス皇

拡大の様子

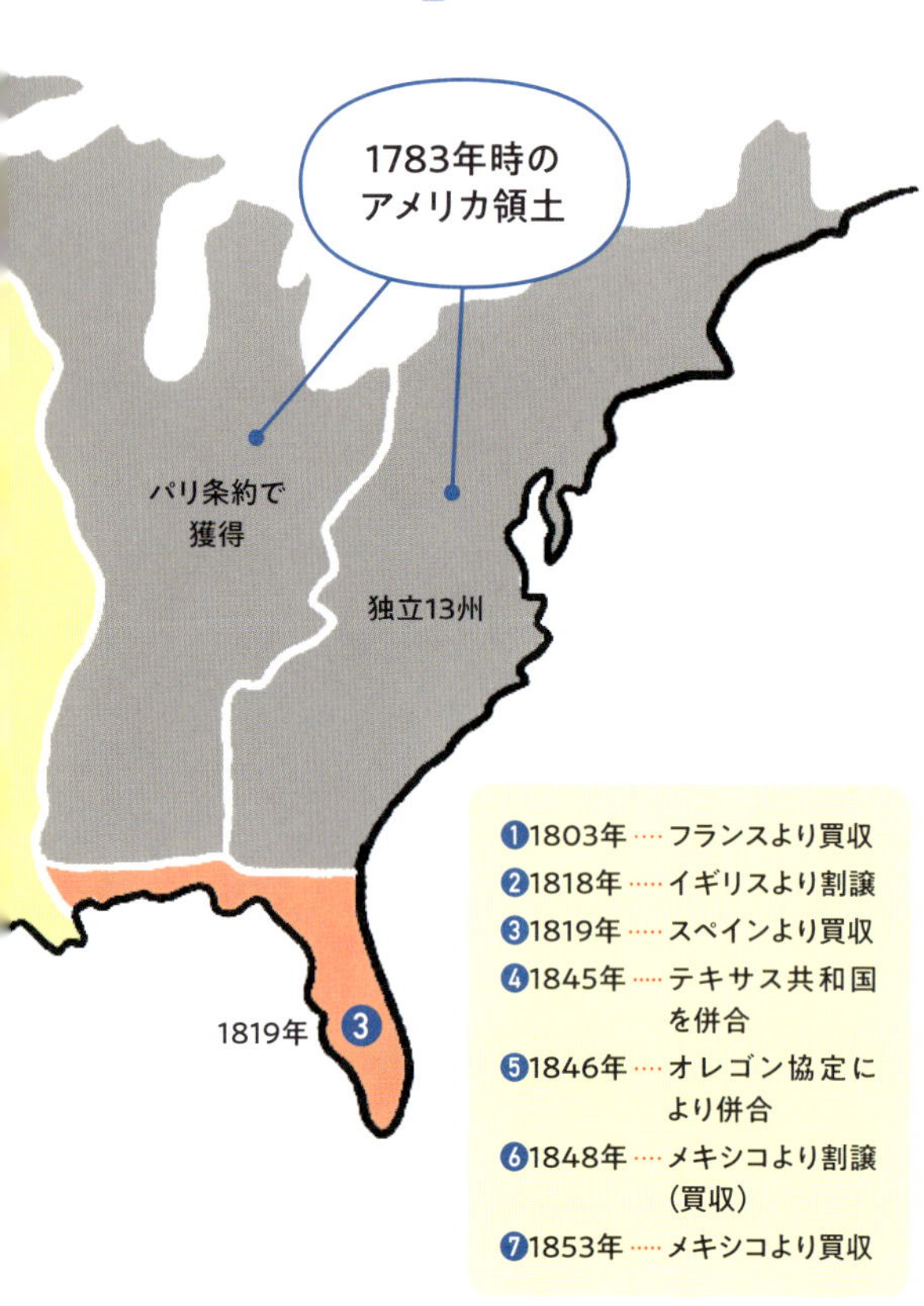

❶1803年……フランスより買収
❷1818年……イギリスより割譲
❸1819年……スペインより買収
❹1845年……テキサス共和国を併合
❺1846年……オレゴン協定により併合
❻1848年……メキシコより割譲（買収）
❼1853年……メキシコより買収

アメリカの領土

5 1846年
2 1818年
1 1803年
6 1848年
7 1853年
4 1845年
フロンティアとは?
入植された土地と未開拓の土地の境界のこと。アメリカは、この境界を西へと拡大していったのです。
現地に住むネイティブ・アメリカンを迫害し、西部を開拓

帝のナポレオンからそのエリアを買収し、さらに領土を広げます。

その後、もともとはメキシコの領土だったテキサスを併合したり、カリフォルニアやニューメキシコをメキシコから買収したりして、領土は西へと広がり続け、北米大陸の太平洋側まで到達。アメリカのフロンティアは消滅したといわれています。

アメリカが西へと開拓を進めてきた歴史は、**現地のネイティブ・アメリカンを迫害しながら、拡大**していった歴史でもあるのです。

アメリカの
歴史
Point
4
南北戦争の
時代

黒人奴隷をめぐり南部と北部で内戦が勃発

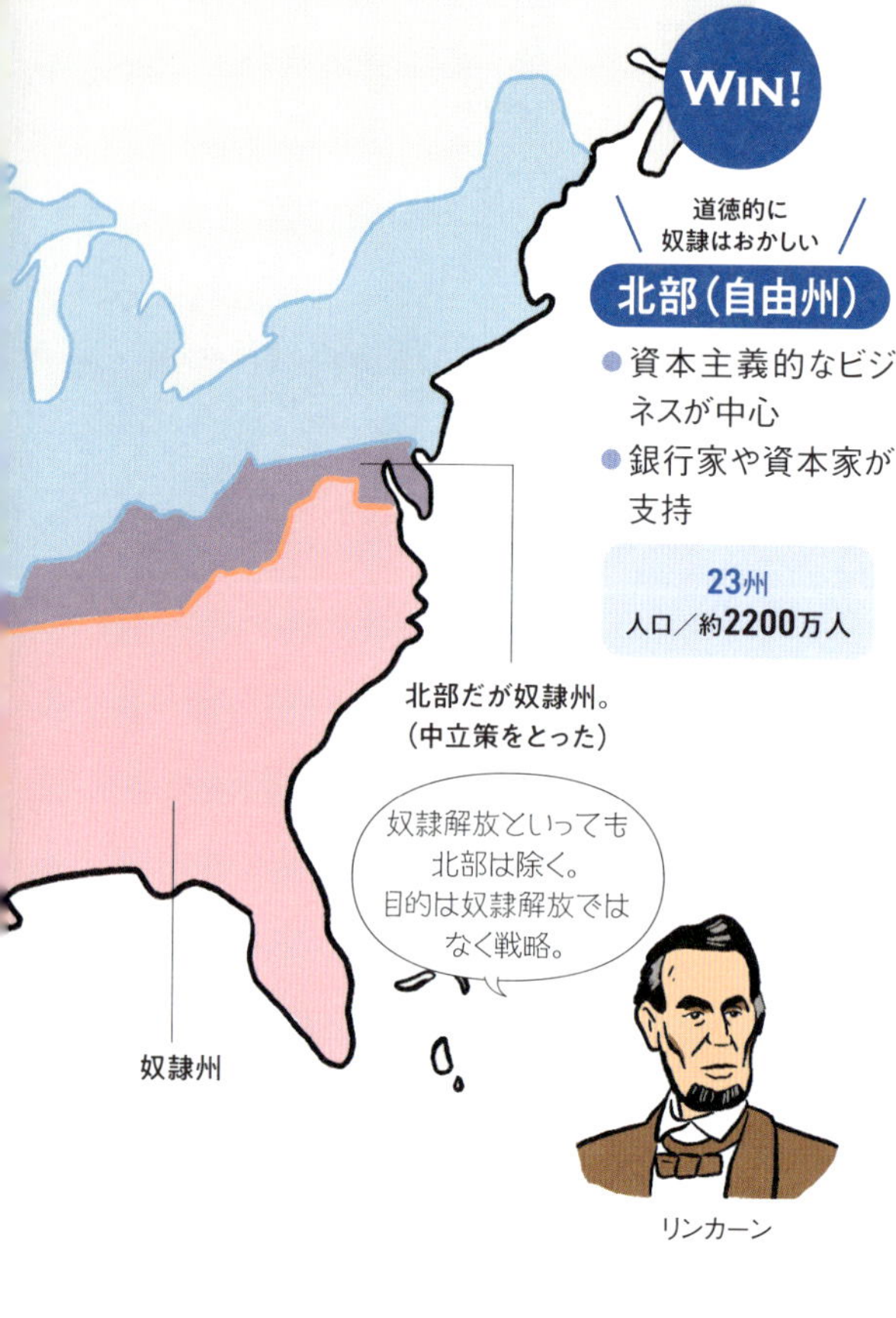
WIN!
道徳的に
奴隷はおかしい
北部（自由州）
資本主義的なビジネスが中心
銀行家や資本家が支持
23州
人口／約2200万人
北部だが奴隷州。
（中立策をとった）
奴隷解放といっても
北部は除く。
目的は奴隷解放では
なく戦略。
奴隷州

リンカーン

リンカーン率いる北部（自由州）が勝利

独立後のアメリカでは、独立宣言で「すべての人は平等に創られ～」と表明している一方で、国内に黒人奴隷がおり、矛盾がありました。自由労働力を軸に商工業が発達した**北部は奴隷制反対**、奴隷労働が支える大農場が中心の**南部は奴隷制賛成**と、

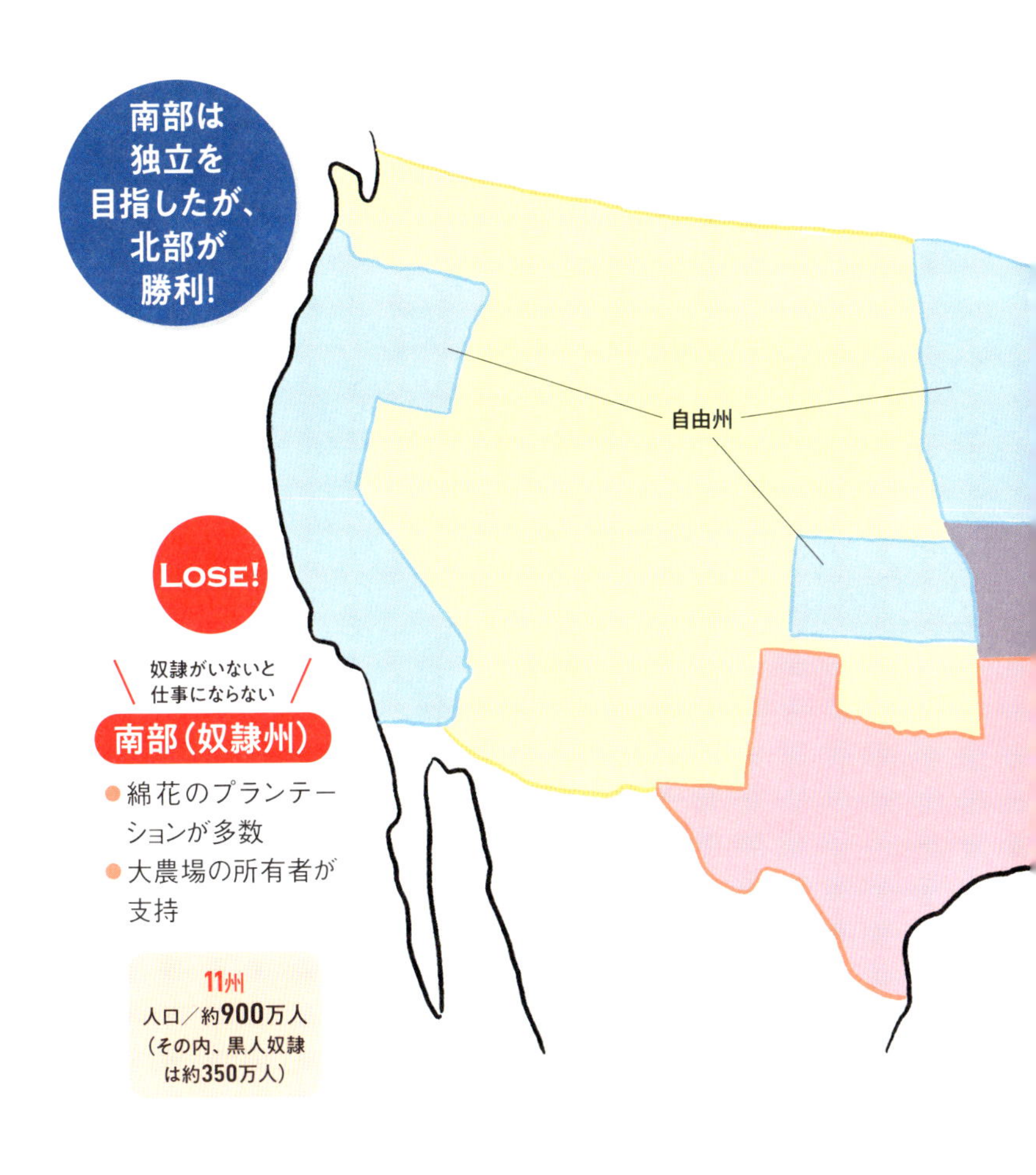
南部は
独立を
目指したが、
北部が
勝利!
自由州
LOSE!
奴隷がいないと
仕事にならない
南部（奴隷州）
綿花のプランテーションが多数
大農場の所有者が支持
11州
人口／約900万人
（その内、黒人奴隷は約350万人）

北部と南部の州で対立していきます。

奴隷制拡大に反対するリンカーンが大統領に就任すると、南部の州は離脱し、南部連合を結成。1861年、北部の自由州と南部の奴隷州で南北戦争が発生します。物量でリードする北部でしたが、南部には優秀な軍人が多く、戦争は長引きます。

1863年にリンカーンは、**南部の黒人奴隷を逃し、北部に参加させる**という戦略もあり、**奴隷解放宣言を発表**。こうして、北部が勝利します。

Point 5
経済発展の時代

新しい産業が次々に発展したが その裏には多くの闇が

都市生活者
スーパーマーケットなどができ、暮らしが変化

新しいモノにあふれ、自由を謳歌

政治家
資本家たちとの癒着により腐敗

ユリシーズ・グラント大統領

輝きの裏に辛い側面の“金ピカの時代”

南北戦争中の1863年、国法銀行（国立銀行のモデル）が設立され通貨が安定。結果、石油や電気、通信などの産業が生まれます。1869年には大陸横断鉄道も完成して流通網が進化し、さらに産業が発展していきました。アメリカは世界一の

ある分野を独占する
巨大企業が!

経営者

ロックフェラー

格差の下層に
追いやられ、
生活は苦しい

苦しい生活を
強いられる

移民・農民

表面だけが
キラキラで、
中身は暗い、
“金ピカの時代”

工業国になり、多くの資本家が誕生。さらに、都市にはデパートが登場し、都市生活も変化しました。
　一方、政治の世界では、政治家が資本家と癒着して腐敗が進みます。また、当時の移民は最下層の労働者として差別を受け、農民も苦しい生活を強いられるなど、富裕層との格差が広がっていきました。この時代は、経済発展によって**表面上は輝いていても、裏には不正や経済格差があったことなどから、〝金ピカの時代〟**と呼ばれています。

孤立主義を破り世論を受けて世界へ進出する

自国内で力を蓄えていたがヨーロッパに参戦

建国以来、主に国内で成長を続けてきたアメリカですが、フロンティアの消滅などにより経済が低迷。また、ヨーロッパで帝国主義が広まると、**さらなる発展のためにラテン・アメリカなどへと進出**していきます。

その後、ヨーロッパでは第一

第一次世界大戦開戦時の関係図

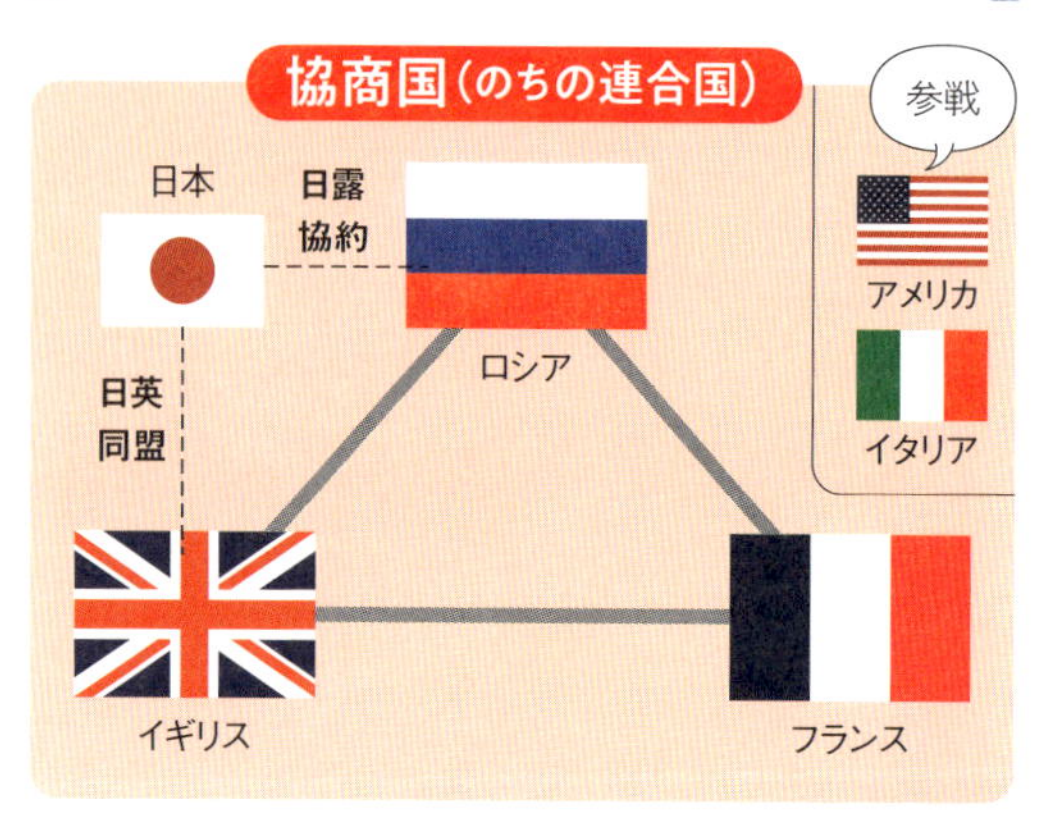

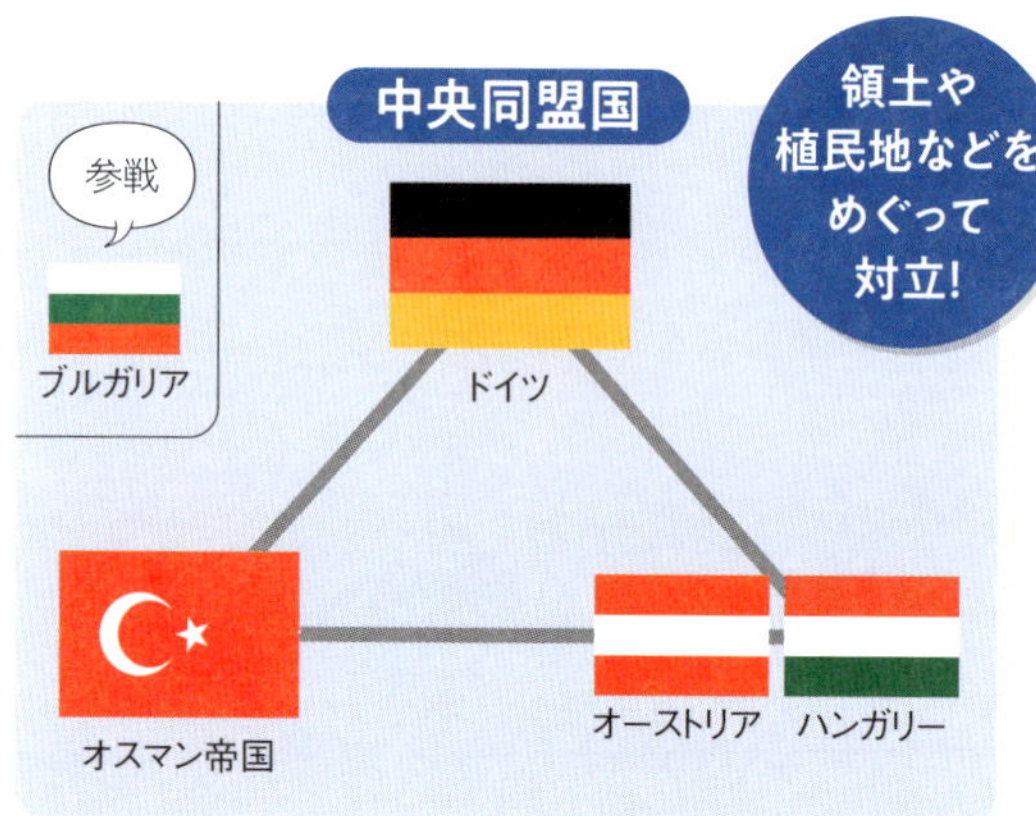

※わかりやすくするため、現在の国旗で表現

アメリカの動き

中立

国内にはイギリス系やドイツ系などの移民がおり、世論の分裂を避けるため、伝統的な孤立主義を守る

正義と平和を実現し、戦後、影響力を持つという計算も!

↓

アメリカ人が犠牲に

ドイツによる、すべての船を魚雷で攻撃する無制限潜水艦作戦により、アメリカ人に被害が出ると、ドイツへ宣戦布告

協商国側で参戦し、勝利に貢献

〈大戦の影響〉

- 国際連盟の設立を主導したが、アメリカは不参加
- 戦時特需で産業が好景気になり、他国へ資金を融資

次世界大戦が勃発。当初、アメリカはヨーロッパの争いには介入しないという伝統的な孤立主義を守り、中立の立場でした。しかし、ドイツの無制限潜水艦作戦でアメリカ人が犠牲になると、ドイツを非難する世論が巻き起こり、ドイツへと宣戦布告。それまでの**孤立主義を破り、協商国側で参戦**します。戦争がはじまると連合国となり、連合国のイギリスやフランスなどは、長い戦争で疲弊していましたが、アメリカの参戦により戦況が一変。連合国が勝利しました。

アメリカの歴史

Point 7
世界恐慌の時代

急速に発展を遂げたが〝暗黒の木曜日〟に一転して大恐慌へ

大恐慌で、戦局的な景気回復政策を

第一次世界大戦後、ドイツの賠償問題への解決案提示、海軍軍縮会議の開催などにより、国際社会でのアメリカの影響力が拡大。また、国内では大量生産・大量消費が行われ、市民生活は豊かになり、1926〜29年で株価が約3倍になるなど、好

第一次世界大戦後

景気は好調で、他国への貸付もあり、世界経済の中心

分割支払いのシステムができ、住宅や車などを所有する国民が増えていきました。

暗黒の木曜日

大恐慌になり、経済は大混乱

投資家パニック

銀行倒産

工場、企業倒産

失業者増加

多くの投資家が株を売り、不安になった多数の市民が銀行から預金を引き落としたせいで銀行が倒産。融資が止まった企業も倒産し、失業者があふれた。

ニューディール政策

伝統的な自由主義経済を改め、積極的な景気回復政策を行う

- 農業生産量の調整
- 公共事業の推進
- 労働者の保護
- 銀行や通貨の統制
- 社会保障を充実

etc

それでも経済はあまり回復しない

アメリカ国内の景気は徐々に上向いた面もありましたが、大恐慌は世界に波及。

景気が続きました。

しかし、1929年10月24日の「暗黒の木曜日」、多くの投資家が株を売りに走り、株価が大暴落。銀行や企業が倒産し、**アメリカは大恐慌になり、1933年には4人に1人が失業者だった**といわれています。

政府は伝統的な自由主義経済を修正し、公共事業推進や農業生産量の調整など、**積極的に景気回復を行うニューディール政策を打ち出します**。それでも経済は、本格的な回復にはいたりませんでした。

Point 8

第二次世界大戦の時代

再び世界大戦が勃発し アメリカは世界のリーダーへ

東アジア

日本

満州、中国、インドシナ

大東亜共栄圏

アメリカ参戦で連合国が有利に!

WIN!

ミッドウェー海戦、沖縄戦など

当初は、アメリカは中立の立場でしたが、日本の海外進出、真珠湾攻撃を受けて参戦します。

日本の真珠湾攻撃で第二次世界大戦に参戦

アメリカの大恐慌は世界中に波及。イギリスやフランスは、それぞれ近しい国同士で関税を低くするなどのブロック経済で対応します。しかし、そこに入れず、植民地の少ないドイツやイタリア、日本は立ち直れずに海外へ進出。ポーランドへ侵攻

※わかりやすくするため、現在の国旗で表現。

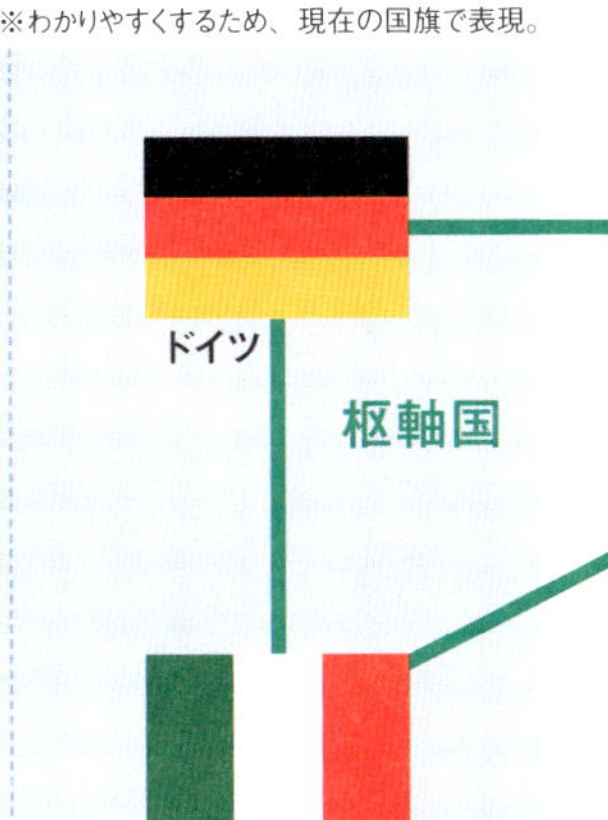

ドイツやイタリアはブロック経済に入れず、自国で景気回復ができず、国民の不満が溜まりファシズムが台頭。ドイツ、イタリア、日本は枢軸国として三国軍事同盟を締結。

WIN!

ノルマンディー上陸作戦

代表的な連合国

アメリカ、イギリス、フランス、中国、ソ連、オーストラリア、ニュージーランド　など

したドイツにイギリスとフランスが宣戦布告し、第二次世界大戦が勃発します。

当初、アメリカは日本を注視しながらも中立の立場でしたが、日本が東南アジアに進出すると、イギリスなどと連携して石油などの輸出を禁止。**石油を求める日本による真珠湾攻撃をきっかけに、連合国として参戦**。ミッドウェー海戦やノルマンディー上陸作戦を成功させ、勝利を重ねていきます。1945年に日本へ原子爆弾を投下し、戦争を終結させました。

アメリカの
歴史

Point 9
本格的な世界進出の時代

アメリカ主導で新しい国際秩序を構築して揺るぎない覇権国に

金持ちのアメリカ
イギリスに代わり自由主義世界のリーダーに

- 実行力のある国際連合を設立し、常任理事国として加入。
- ドル中心の貿易の新ルール、ブレトン・ウッズ体制をつくる。

マーシャル・プラン

ヨーロッパの復興を援助する計画。経済を安定させて共産主義の拡大を防ぐ狙いがあった。

ヨーロッパの復興資金を提供

国際連合を設立。さらにソ連にも対抗

第二次世界大戦後、アメリカは、国際連盟の反省から、武力制裁権を持ち、総会では多数決で議決するなど、より実行力のある国際連合の設立を主導。また、ドルを世界の基軸通貨にするなど、**新しい国際秩序をつくります**。

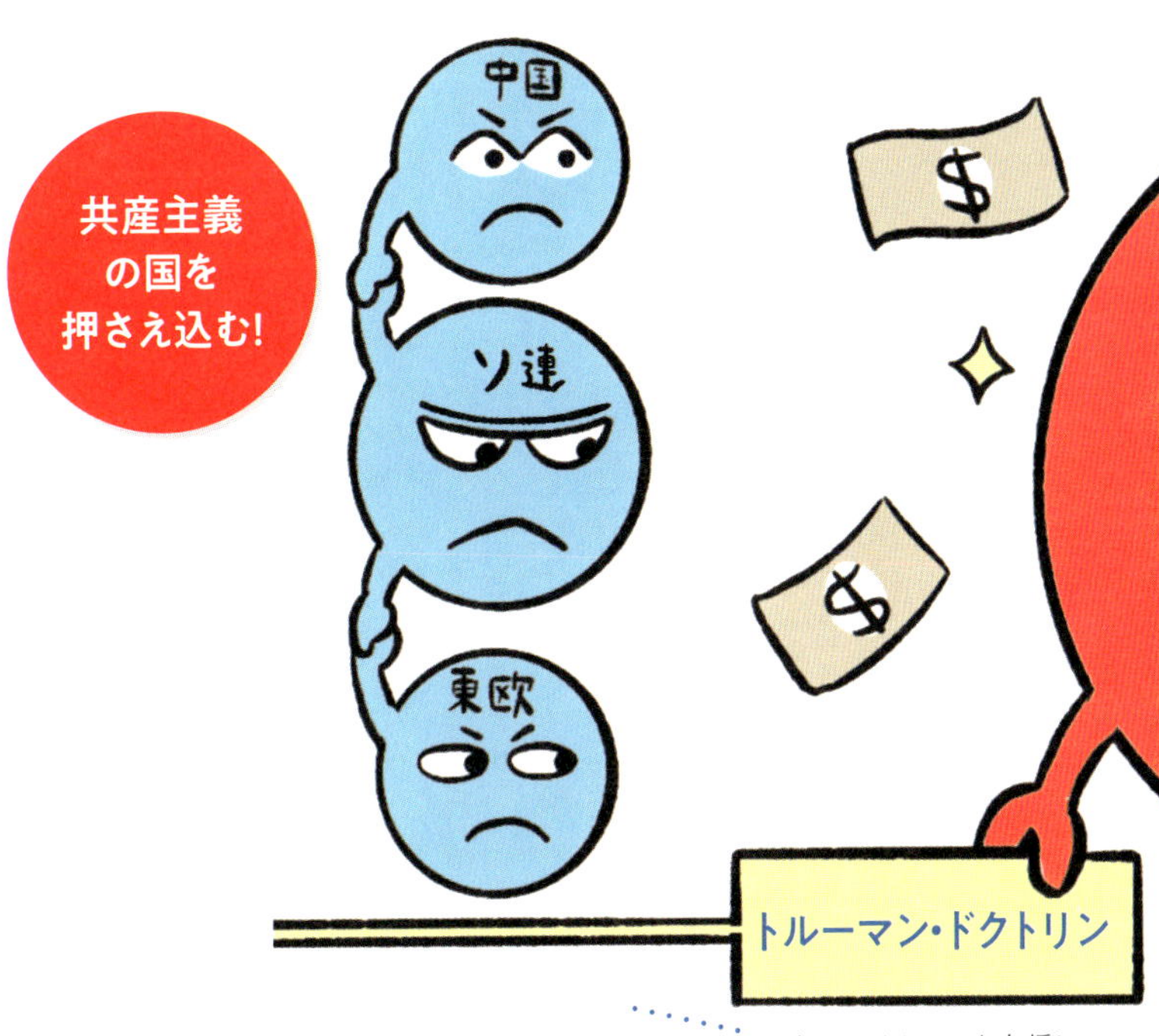
共産主義
の国を
押さえ込む!
中国
ソ連
東欧
トルーマン・ドクトリン
共産主義の
拡大を防ぐ
ギリシャやトルコを支援し、
共産主義に対して封じ込め
を表明した指針。

ブレトン・ウッズ体制とは

40超の連合国による通貨・金融に関する会議にてドルの基軸通貨化やIMF（国際通貨基金）協定などの体制が整えられた。

一方、世界に波及した大恐慌の影響をあまり受けずに国力を伸ばし、大戦でも存在感を示したソ連が国際社会で台頭。東欧では、国民の自由を保障する自由主義の考え方とは相入れない、**国民を統制下に置く共産主義が広がっていきました。**

1947年、アメリカは、共産主義を封じ込めるため、トルーマン・ドクトリンという政策を表明し、ギリシャなどを支援。また、その一環として、ヨーロッパに復興資金を提供するマーシャル・プランを発表しました。

アメリカの歴史

Point 10 冷戦の時代

超大国により世界が2つに分かれ世界各地で局地戦を展開

世界戦争とは異なるアメリカと旧ソ連の冷戦

アメリカは共産主義に対抗するために北大西洋条約機構を、ソ連もワルシャワ条約機構を結成。**超大国を中心とした各陣営の対立が、世界に波及**していきます。核保有国である両国の争いは直接の戦闘にはならないため、冷戦と呼ばれました。

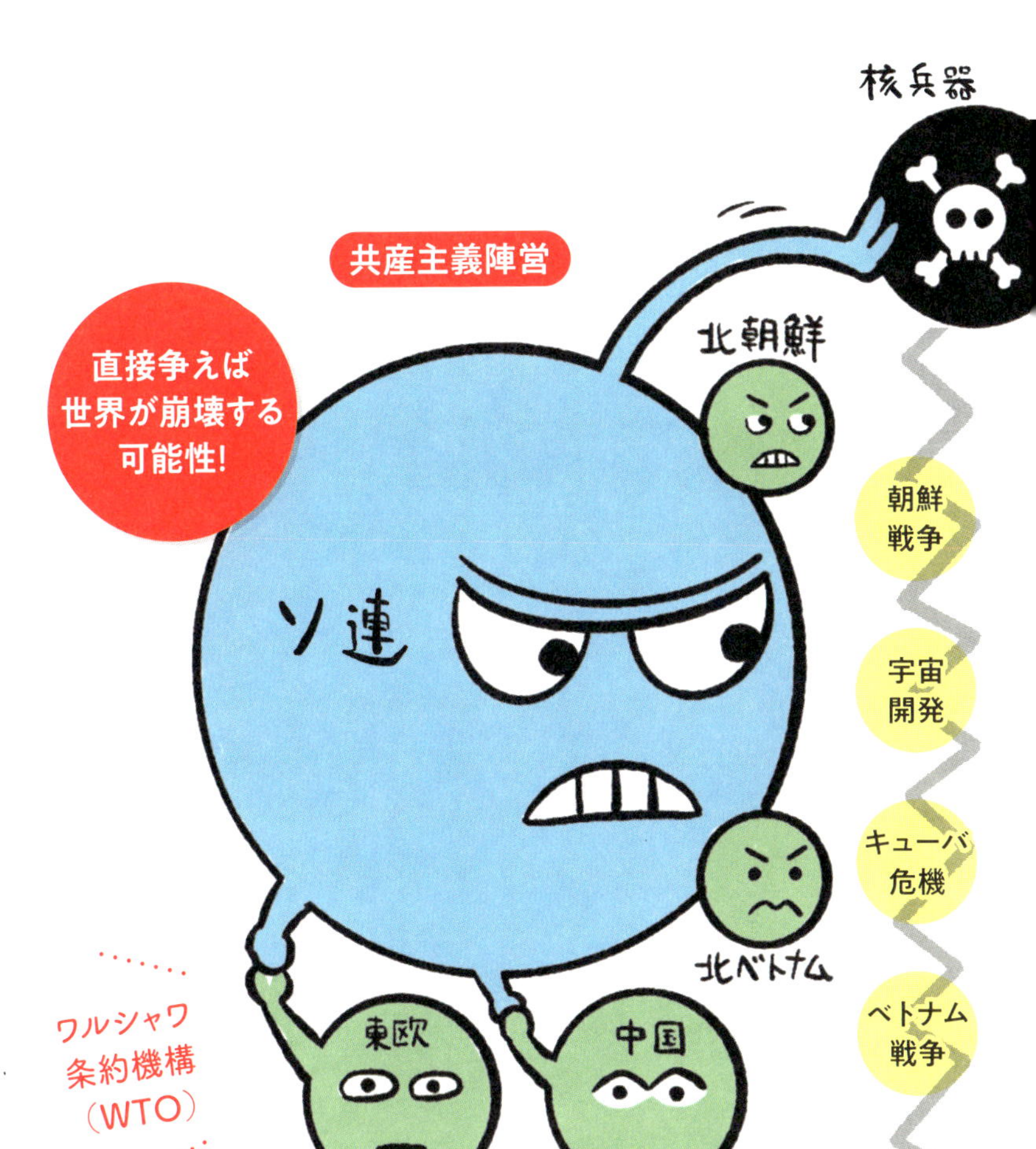

この戦いは、**世界各地の紛争で、自らの陣営を支援する局地戦で展開**されました。また、アメリカは共産主義の防波堤として日本を独立させ、自由主義陣営に入れたのです。

冷戦時の最大の危機の1つがキューバ危機です。ソ連がキューバに配置したミサイル基地に対し、アメリカは海上封鎖。核戦争の危機になりますが、ソ連が譲歩し、ミサイルは撤去されました。

その後、経済の停滞などによりソ連は消滅し、冷戦は終結します。

経済の混乱やテロが頻発 アメリカ一極から多極化した世界へ

アメリカの弱体化もあり、世界は混迷

世界唯一の超大国となったアメリカは、中東やアフリカなど世界各地の争いに関与。特に中東では、イラン・イラク戦争や湾岸戦争などに深く介入します。

2001年には、同時多発テロが発生し、アフガニスタンの反政府組織やテロ組織

同時多発テロ

2001年、ハイジャックされた航空機が複数の施設に体当たりしたテロ。イスラム過激派の犯行と考えられている。

イラク戦争

2003年、イラクが大量破壊兵器を保持しているとして米軍を中心とした有志連合軍が侵攻。政権は倒れたが、大量破壊兵器は確認されていない。

リーマン・ショック

2008年、投資銀行であるリーマン・ブラザーズの破綻を機に、世界的な金融危機が起こり、経済も低迷した。

宗教や民族に関する争いが増え、格差拡大、経済鈍化

ロシアや中国の台頭、アメリカの弱体化で世界は多極化

アメリカ
がんばって!

相対的に
世界での影響力が
低下するアメリカ

飛躍的に
経済成長を
遂げる中国

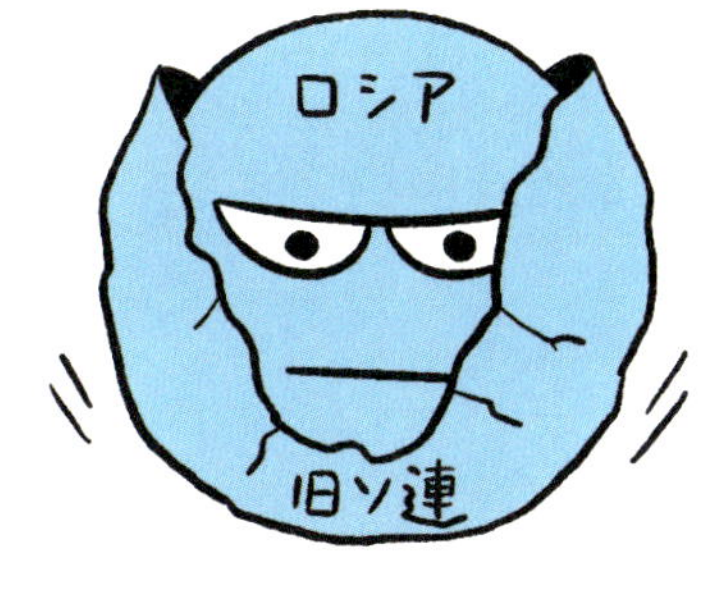

強権主義的な
振る舞いをする
ロシア

との争いが勃発。このイラク戦争は長期化し、２０２１年になってようやくアメリカは撤退を決めました。

また２００８年、大手投資銀行のリーマン・ブラザーズが、住宅バブルの崩壊を受けて倒産。リーマン・ショックが起こり、経済が混乱していきました。

こうした背景もあり、アメリカの圧倒的な優位性は徐々に薄れ、同時に中国の台頭などもあり、**「アメリカの一極集中の世界」**から**「多極化した世界」**へと移り変わっていきました。

アメリカの 地理

DATA

アメリカ合衆国

面積……9,833,517㎢（世界第3位）
人口……約3億3,650万人（世界第3位）
首都……ワシントンD.C.

出典：外務省

ダイナミックな自然が多いアメリカの地理

北アメリカ大陸の南に位置し、南北はメキシコとカナダ、東西は大西洋と太平洋に挟まれているアメリカ。

地理的には、**西部にロッキー山脈**、東部にアパラチア山脈がそびえ、その間に**グレートプレーンズ、プレーリーという肥沃な平原**が広がっています。

また、カナダとの国境付近に広がるのが、塩湖以外では**世界最大級の湖である五大湖**です。

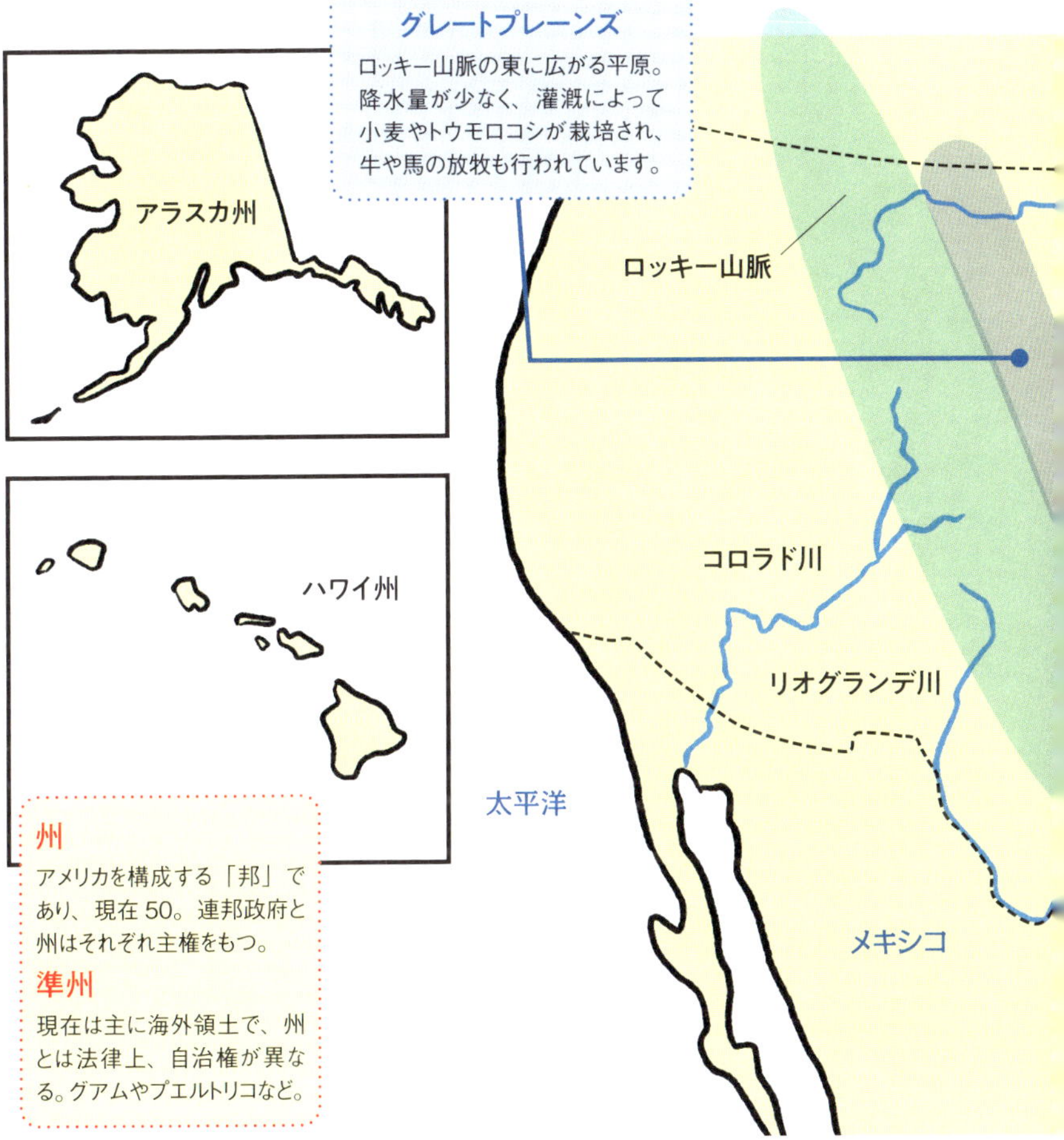

グレートプレーンズ
ロッキー山脈の東に広がる平原。降水量が少なく、灌漑によって小麦やトウモロコシが栽培され、牛や馬の放牧も行われています。

州
アメリカを構成する「邦」であり、現在50。連邦政府と州はそれぞれ主権をもつ。

準州
現在は主に海外領土で、州とは法律上、自治権が異なる。グアムやプエルトリコなど。

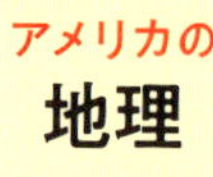

Point 1

“優雅”な南部に“合理的”な北西部と地域の印象が大きく異なる広大な国土

伝統と格式のあるアメリカの出発点

北東部

ニューヨークのほか、多数の政府機関がある首都ワシントン D.C. も。金融街の中心地としても有名。

代表的な州 ニューヨーク州
人口 約2020万人
GDP 約2.2兆ドル

ニューヨーク州
ニューヨーク

ゆったりとして、優雅な文化が発展

南部

綿花、タバコなどの農業をベースに、近年は工業やエネルギー産業も。ゆったりとしているイメージがある。

代表的な州 テキサス州
人口 約2910万人
GDP 約2.6兆ドル

格式高い北部と、優美でおおらかな南部

個性豊かな4つのエリア

世界第3位、日本の約26倍の国土を持つアメリカは、4つの地域それぞれに異なる特徴があります。

13の独立州を含む**北東部は、アメリカがはじまった伝統あるエリア**。アイビー・リーグなど歴史ある大学がある一方、文化の発信地であ

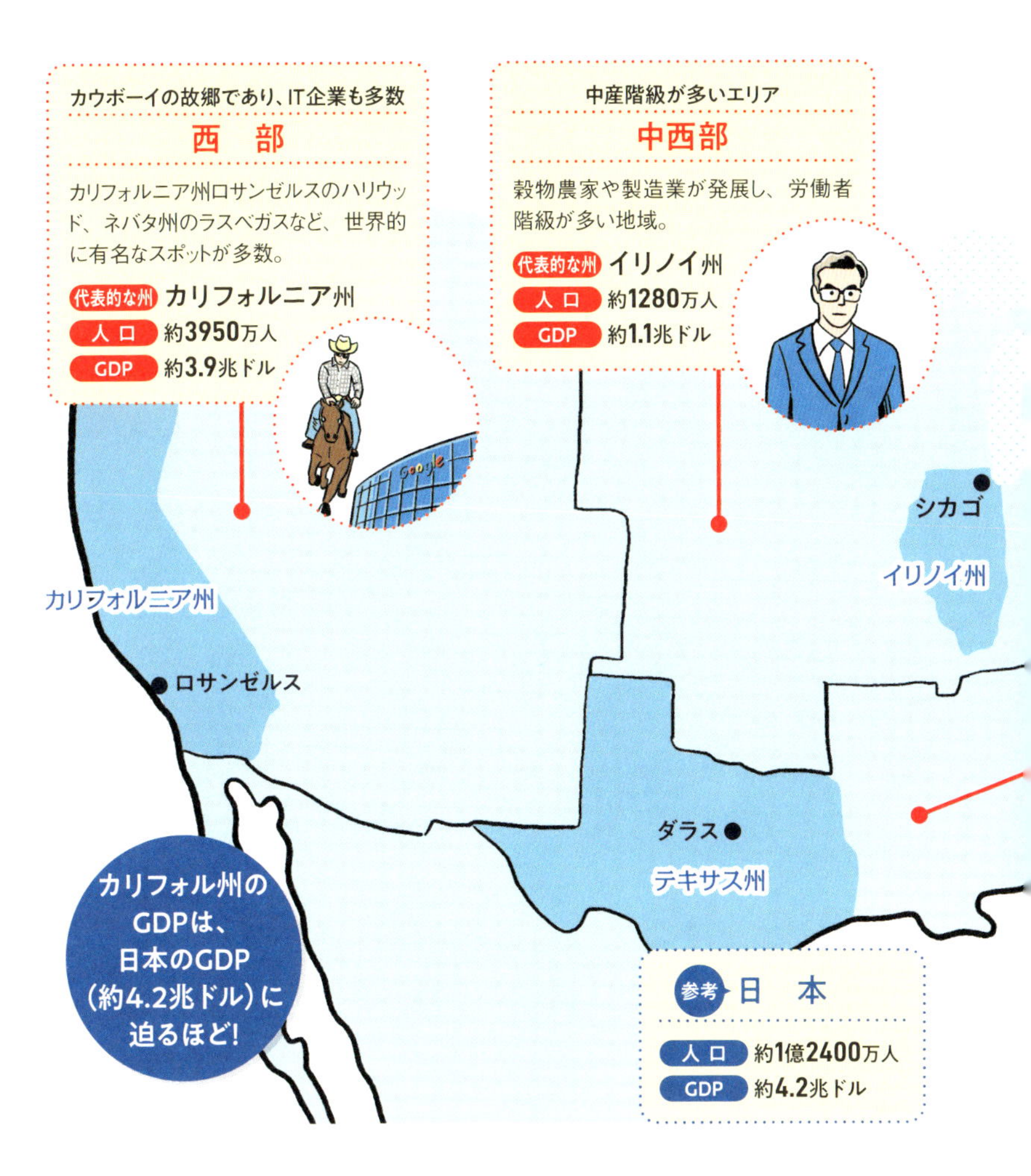

るニューヨークがあります。**中西部は、肥沃な土壌であり、農業や製造業が盛ん**です。イリノイ州のシカゴを中心に大都市圏を形成し、ビジネス街が広がります。

カウボーイの故郷であり、IT企業も多数
西　部
カリフォルニア州ロサンゼルスのハリウッド、ネバタ州のラスベガスなど、世界的に有名なスポットが多数。
代表的な州 カリフォルニア州
人口 約3950万人
GDP 約3.9兆ドル
中産階級が多いエリア
中西部
穀物農家や製造業が発展し、労働者階級が多い地域。
代表的な州 イリノイ州
人口 約1280万人
GDP 約1.1兆ドル
Google
シカゴ
イリノイ州
カリフォルニア州
ロサンゼルス
ダラス
テキサス州
カリフォル州のGDPは、日本のGDP（約4.2兆ドル）に迫るほど!
参考 日　本
人口 約1億2400万人
GDP 約4.2兆ドル

南部はブルースやソウルなどの音楽や、独特の料理などの文化的な側面や、**保守的なプロテスタントを信仰している**という特徴があります。西部劇の舞台である西部ですが、最近は多くのIT企業が集まるシリコンバレーがあり、**伝統と最先端が混じり合ったエリア**になっています。

アメリカの地理

Point 2

雄大な国立公園と多様な気候……その裏には政治や宗教がからむ

アパラチア山脈
マンモスケーブ国立公園
グレートスモーキー国立公園
ホットスプリングス国立公園
エバーグレーズ国立公園

気候

温暖と寒冷に、乾燥と湿潤幅広い気候が存在

温暖なエリアや乾燥する砂漠エリア、北海道に似た寒冷エリアなど、多様な気候帯があります。

その裏側は…

キリスト教の影響で地球温暖化を信じていない人も多数

さまざまな気候と雄大な自然……だが問題も

国土の広いアメリカは、温暖湿潤なエリアから砂漠のようなエリアまで、気候が大きく異なり、変化する気候が雄大な自然環境を生み出しています。

近年、温暖化が進んでいますが、その裏にはキリスト教の影響が強い国家らしい

国立公園

アメリカ人の心がある手付かずの大自然

ダイナミックな岩肌や美しい水辺など、雄大な自然が広がり、観光スポットとしても人気。

その裏側は…

天然資源が出る場所も多く規制と緩和をくり返す

問題があります。キリスト教の福音派のなかには聖書を深く信仰しており、温暖化を否定している人がいるのです。**キリスト教の影響で、科学を受け入れられない面があります。**

また、国立公園では美しい景観が楽しめますが、その裏にも問題が隠れています。実は、国立公園は天然資源が埋蔵しているエリアが少なくありません。

そのため、**政権によって保全か開発のどちらを優先するかで、規制と緩和を繰り返している**のです。

アメリカの 宗教

アメリカにおける代表的な宗教、宗派の信者の割合

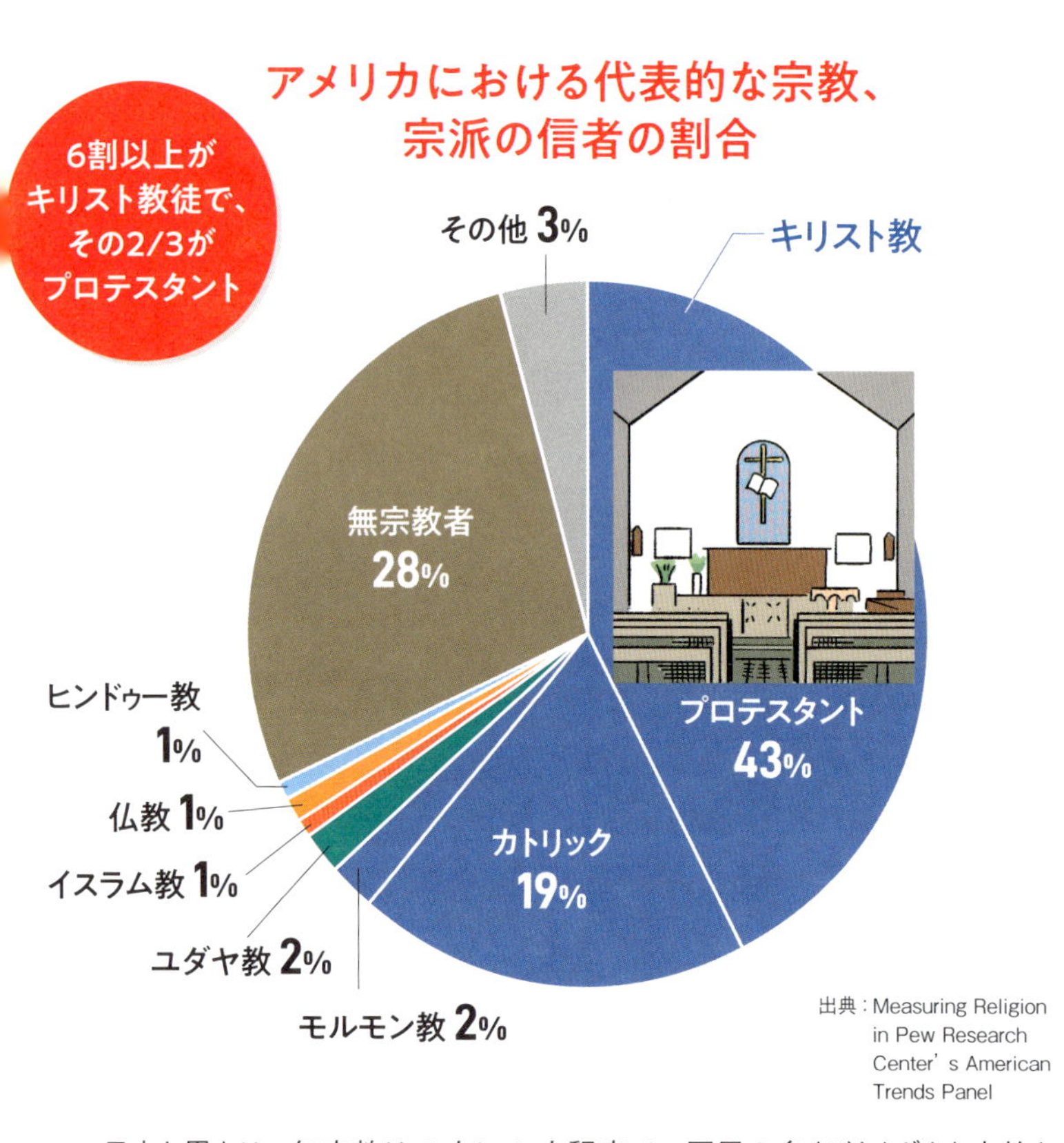

出典：Measuring Religion in Pew Research Center' s American Trends Panel

日本と異なり、無宗教は４人に１人程度で、国民の多くがさまざまな宗教を信仰。キリスト教徒が多く、世界最大のキリスト教国家です。

建国の歴史からプロテスタントの多い国

植民地時代のアメリカは多数のキリスト教徒、特にプロテスタント（ピューリタン）が移り住んでできた国です。そのため、現在でも、**国民の半数以上がキリスト教徒であり、4割がプロテスタント**。

また、アメリカ国内でみると少数派ですが、イスラエルとそれほど変わらない人数のユダヤ教徒もいるため、世界最大級のユダヤ教徒の国でもあります。

アメリカにおけるプロテスタントとカトリックの属性

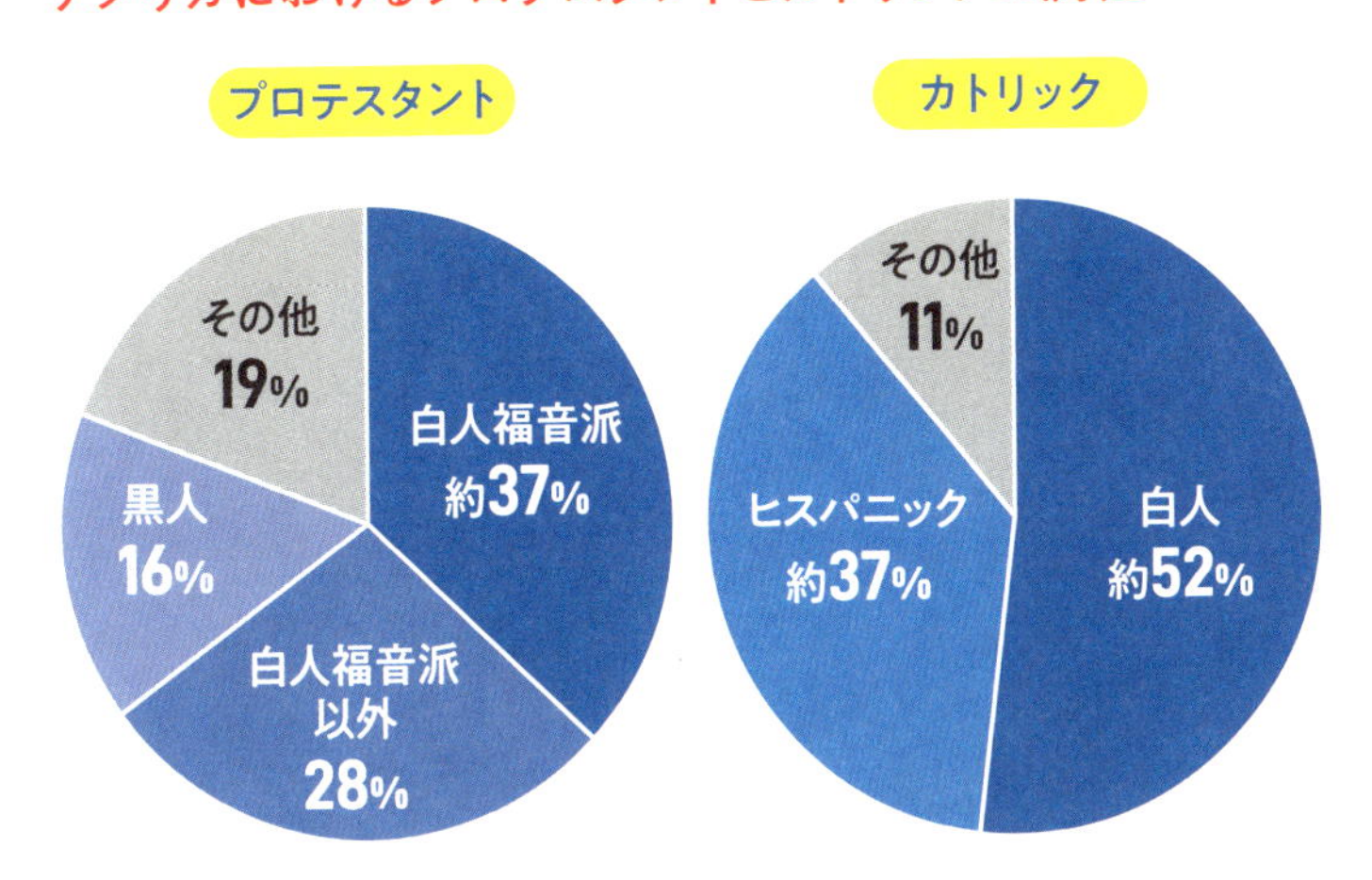

世界初の政教分離を憲法で掲げているが……

ヨーロッパの多くの国で、宗教が国家分裂の原因となっていたため、アメリカは合衆国憲法修正第一条で、宗教と政治を分離。しかし、現実的に政治の多くの場面でキリスト教の影響があり、完全には分かれていません。

合衆国憲法 修正第1条

「連邦議会は、国教を定めまたは自由な宗教活動を禁止する法律を制定してはならない。」

アメリカの宗教 Point 1

カトリックから分裂したプロテスタントがアメリカを建国

ローマ教皇や教会に権威がある

カトリック

世界的にはキリスト教で最大の教派であり、フランス、アイルランド、スペインなどでは多数派。アメリカでは少数派として差別されていた時代も。教職者は神父。

特徴

- ボランティアや巡礼、寄付が善行とされる
- 教会（教皇）に権威があり、華美な内装であることが多い
- これまでの大統領はジョン・F・ケネディとバイデンの2名のみ

同じキリスト教でも教派によって異なる

アメリカで多数派であるキリスト教のプロテスタントは、宗教改革によってカトリックから分離した宗派です。カトリックとプロテスタントの大きなちがいの1つとして、**カトリックはローマ教皇や教会が権威のある特別な存在**であるのに対し、**プロテ**

すべての人間は平等と考える

プロテスタント

ルターやカルバンが中心となった宗教改革により、カトリックから分離。イギリス、オランダ、北欧諸国などでは多数派を占めます。教職者は牧師。

特徴

- **禁欲的な労働や、蓄財も善行とされる**
- **聖書を中心とした信仰により、識字率が向上したとされる**
- **「自ら考えること」や「労働観」など、現代の資本主義と親和性が高い**

KEYWORD

渡米したプロテスタントの一派
ピューリタン
プロテスタントのなかで、宗教改革の中心人物であるカルバンに従って改革をしようとした一派。最初期の移民としてニューイングランドに渡ってきました。

かつてアメリカのドミナントな人々
WASP
ホワイト・アングロ・サクソン・プロテスタントの略。日本人が想像する、アメリカに住むいわゆる白人のこと。長らくアメリカ国内で優位な立場にいた人々。

現在、大きな影響力を持つ
福音派
聖書の一字一句をそのまま信仰する保守的な立場。アメリカでは15%強が福音派であるとされています。プロテスタントに多いようですが、カトリックにも存在。

スタントは聖書が中心である点です。カトリックは、教会で神父が教えを説きますが、プロテスタントは各人が聖書を読んで信仰を自ら考えることが求められます。牧師は教会に仕えますが、カトリックの神父ほどの権威はありません。

また、「労働」や「蓄財」に対する考え方も異なり、カトリックはネガティブなものとしてとらえますが、プロテスタントでは精一杯自分の仕事をすることはいいことであり、そのうえで蓄財することも認めているのです。

「保守的な信仰を政治に反映させる！」高まるキリスト教宗教右派の存在感

日本ではなじみが少ない過激な宗教右派

アメリカでは、キリスト教の〝宗教右派〟と呼ばれる勢力が政治の世界などで影響力を持つようになっています。宗教右派とは、教派ではなく、**保守的な信仰や価値観を実現するために活動する人々**のことで、具体的にはプロテスタントの福音派

キリスト教の伝統的な価値を重んじる

宗教右派

キリスト教の保守勢力で、主に白人の福音派が中心となっていますが、教派ではないため、カトリックの保守派も含まれます。主に、大統領選などへの熱心な選挙運動、政府に対するロビー活動などを行っています。

主な参加者

- プロテスタントの福音派
- カトリックの保守派

活　動

- 投票
- 選挙活動
- ロビー活動
- 政治主張は共和党に近いことが多い

キリスト教の信仰が地域の文化に バイブル・ベルト

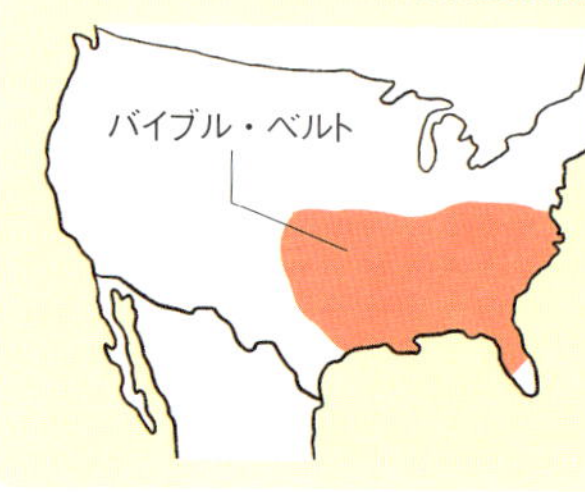

特に信仰の厚い南部のエリアは、宗教右派が多く、バイブル・ベルトと呼ばれています。

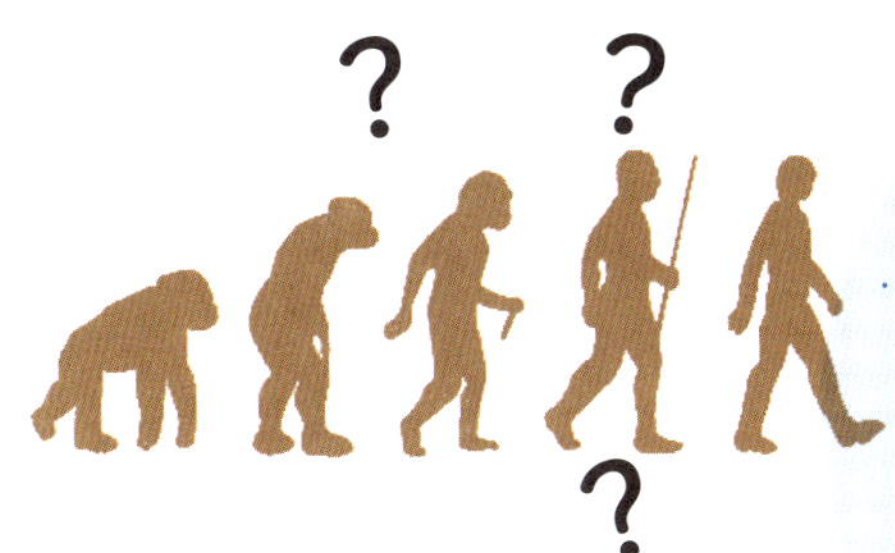

KEYWORD

「神が天地と人を創造した」!?

進化論と創造論

アメリカでは天地は「創造主なる神」が創ったとする創造論が根強く、進化の過程で人間が生まれたという進化論をめぐり、教育現場での扱いについて何度も最高裁判所まで争う議論が起こっています。

KEYWORD

中絶はよくないこと

人工中絶

保守的なキリスト教では、受精した段階で命であり、人工中絶は「殺人」とされます。人工中絶をめぐっては頻繁に議論が起こり、2021 年にもテキサスで妊娠 6 週頃以降の中絶禁止という州法が施行。

KEYWORD

右派が結果を大きく左右

大統領選挙

宗教右派、特に白人福音派は大統領選に影響力があり、1980 年の大統領選では約 80%がレーガンに、2004 年は約 78%がブッシュに、2016 年は約 80%がドナルド・トランプに投票したとされています（3 名とも共和党）。

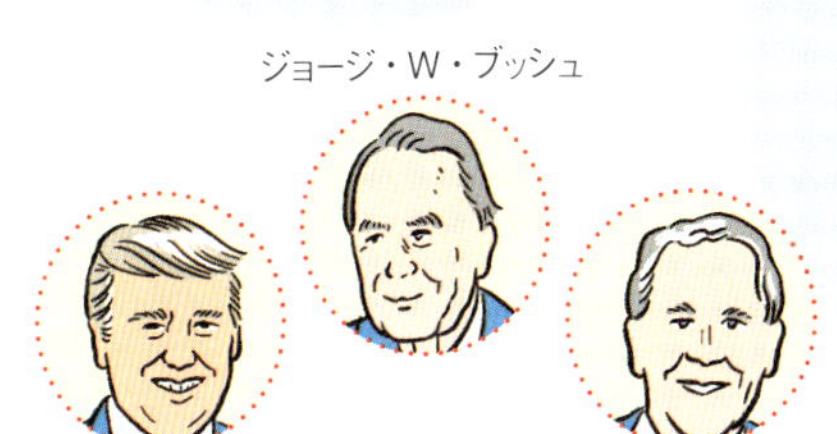

ドナルド・トランプ　ロナルド・レーガン

（P51）などのこと。

人口中絶など、**キリスト教の価値観に反するトピックスにおいて、大規模な運動を展開**しているのです。

近年、宗教右派が大きな勢力となった理由の1つが、〝オバマケア（P116）への反動〟といわれています。オバマケアとは、オバマ大統領が導入した医療保険制度ですが、もともと「小さな政府」を志向する保守的な立場である宗教右派は、オバマケアに団結して反発。影響力を強めたのです。

アメリカの宗教

Point 3

ユダヤ教やイスラム教…キリスト教以外の宗教も国内外に影響力が

あまりみえてこない キリスト教以外の宗教

移民の国であるアリリカは、多様な宗教が信仰されています。P48で見たようにキリスト教以外の宗教では、モルモン教が2%、ユダヤ教2%、イスラム教が1%、仏教が1%、ヒンドゥー教が1%ほどの少数派。それでもユダヤ教徒は、ユダヤ教の

世界のユダヤ人の約4割はアメリカに

ユダヤ教

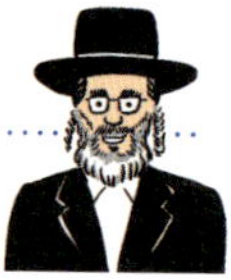

唯一神ヤハウェを信仰する一神教で、教典は旧約聖書。アメリカに住む多くのユダヤ人は、さまざまな経緯で渡ってきた移民の子孫です。

世界のユダヤ人の国籍(推定)

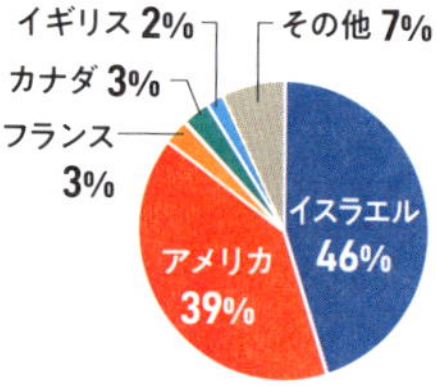

アメリカに住むユダヤ人

- 中・東欧系ユダヤ人の子孫
- ナチスドイツから逃れた移民
- ホロコーストの生存者
- ソ連からの移民

キリスト教右派は、不思議な理路でイスラエルを支援

イエスを殺したのはユダヤ人とされ、本来不仲なキリスト教とユダヤ教。しかし、近年はハルマゲドン(最終戦争)を、ユダヤ人に起こさせるという論理でキリスト教右派はイスラエルを支援。

イエスはハルマゲドンのあとに再臨 ▶ イスラエルはハルマゲドンを起こす必要がある ▶ イスラエルを支援!

テロの影響で差別を受けることも

イスラム教

2001年の同時多発テロなどの影響もあり、差別されることも少なくありませんでした。しかし、アメリカのムスリムは学歴が高い人も多く、2018年、2名の女性が下院議員に選出されるなど、徐々に立場が変わってきています。

KEYWORD

ムスリムの下院議員

ラシダ・タリーブ　イルハン・オマル

近年、増加している傾向がある

仏教

1853年にアメリカで最初の仏教寺院がサンフランシスコに建立されました。その後、1899年には、主にアメリカ本土で伝道活動をになう浄土真宗本願寺派の「米国仏教団」が誕生。

ユタ州では、従民の半分以上が信仰

モルモン教

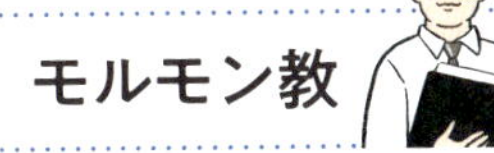

1830年にジョセフ・スミスが創立した、「末日聖徒イエス・キリスト教会」とも呼ばれるキリスト教の教派。聖書のほかに「モルモンの書」という教典があります。ユタ州ソルトレークシティーに本部があります。

本国であるイスラエルと同じくらいの信者数がいるとされ、**「イスラエル・ロビー」という、政府に対してイスラエルに協調する政策を促す活動**を行っています。

アメリカとは仲がいいという印象の少ないイスラム教ですが、**近年女性ムスリムの下院議員が誕生**するなど、徐々に増加しているようです。

日本ではあまり聞いたことのモルモン教は、キリスト教の教派の1つであり、ユタ州では半数以上の住人が信仰しています。

アメリカの 政治、選挙

アメリカの政治システム

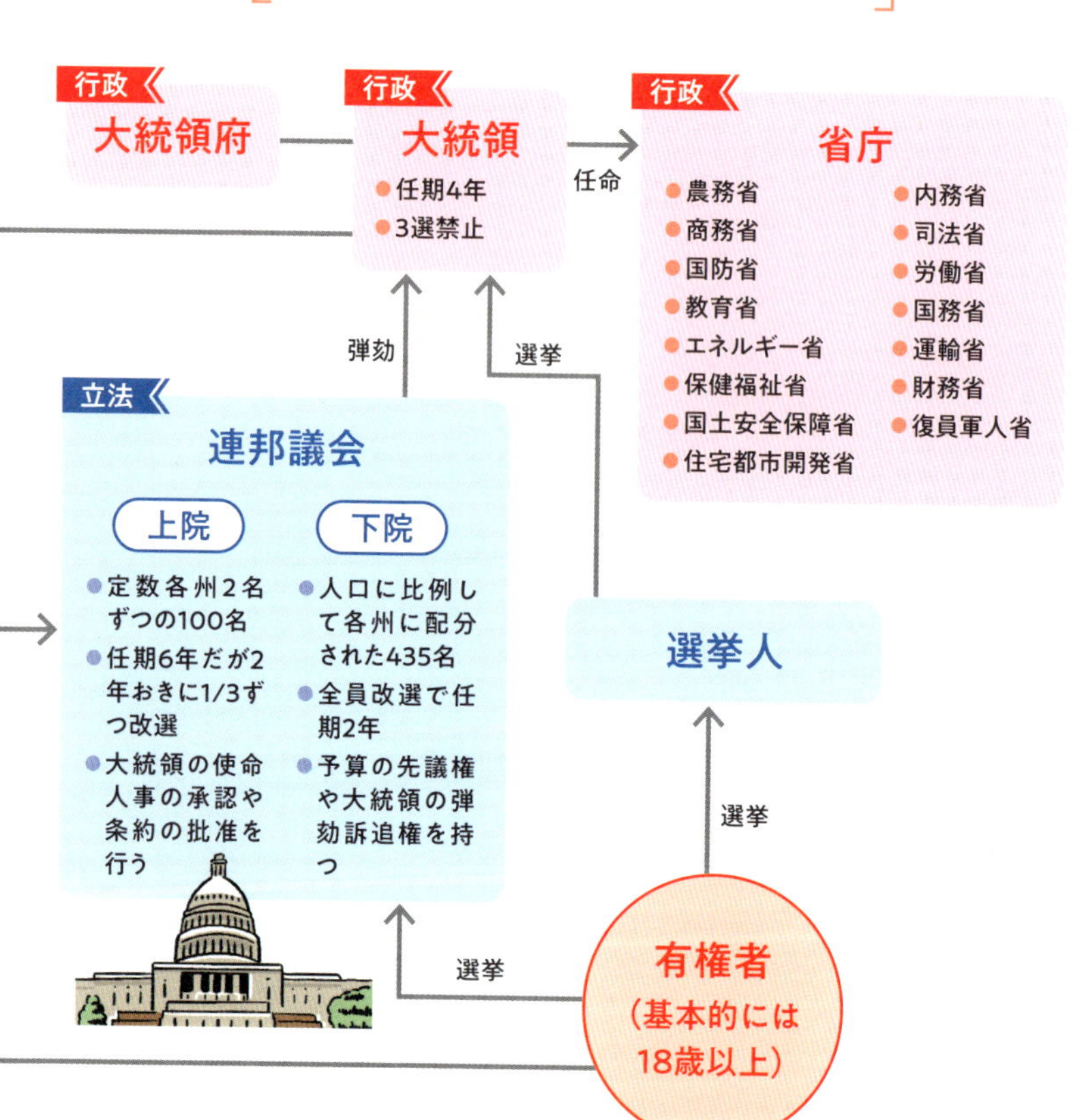

似ているようで異なる日本とアメリカの政治

アメリカの政治の特徴は「**大統領制**」や「**明確な三権分立**」。大統領制は、議会と独立した行政府の長を、国民投票で選ばれた元首が務めるシステムです。明確な三権分立は、立法権は議会、行政権は大統領、司法権は裁判所と独立し、それぞれが過剰な権力を持たないよう抑制できる仕組みです。

ちなみに現在、議会は共和党と民主党の2大政党制となっています。

日本とのちがい

- 日本は議員内閣制と呼ばれ、立法府の国会議員から、行政府の長である内閣総理大臣を選出
- 内閣は国会に対して連帯して責任を負うため、国会から独立して行政を行うことはできない

議院内閣制

内閣総理大臣
↑指名
国会議員
↑選挙
有権者

内閣総理大臣も国会議員の1人!

明確に行政、立法、司法の三権がわかれる

司法

連邦最高裁判所

- 連邦最高裁判所の判事は大統領が指名し、上院が承認した判事9人で構成
- 判事は弾劾されたり、自ら辞任したりしなければ任期は終身

任命

違憲立法審査

各州にも政治システムがある

連邦政府の権限は憲法に定められており、それ以外の規定は各州で決めるため、州は大きな範囲の権限を持つ。

州知事　州議会　州裁判所

選挙

州が集まった国だから。各州と連邦政府のパワーバランスは大きなテーマ

連邦政府と各州は上下の関係ではなく、独立

[中央政府の権限]

国防　外交　貿易　連邦財政

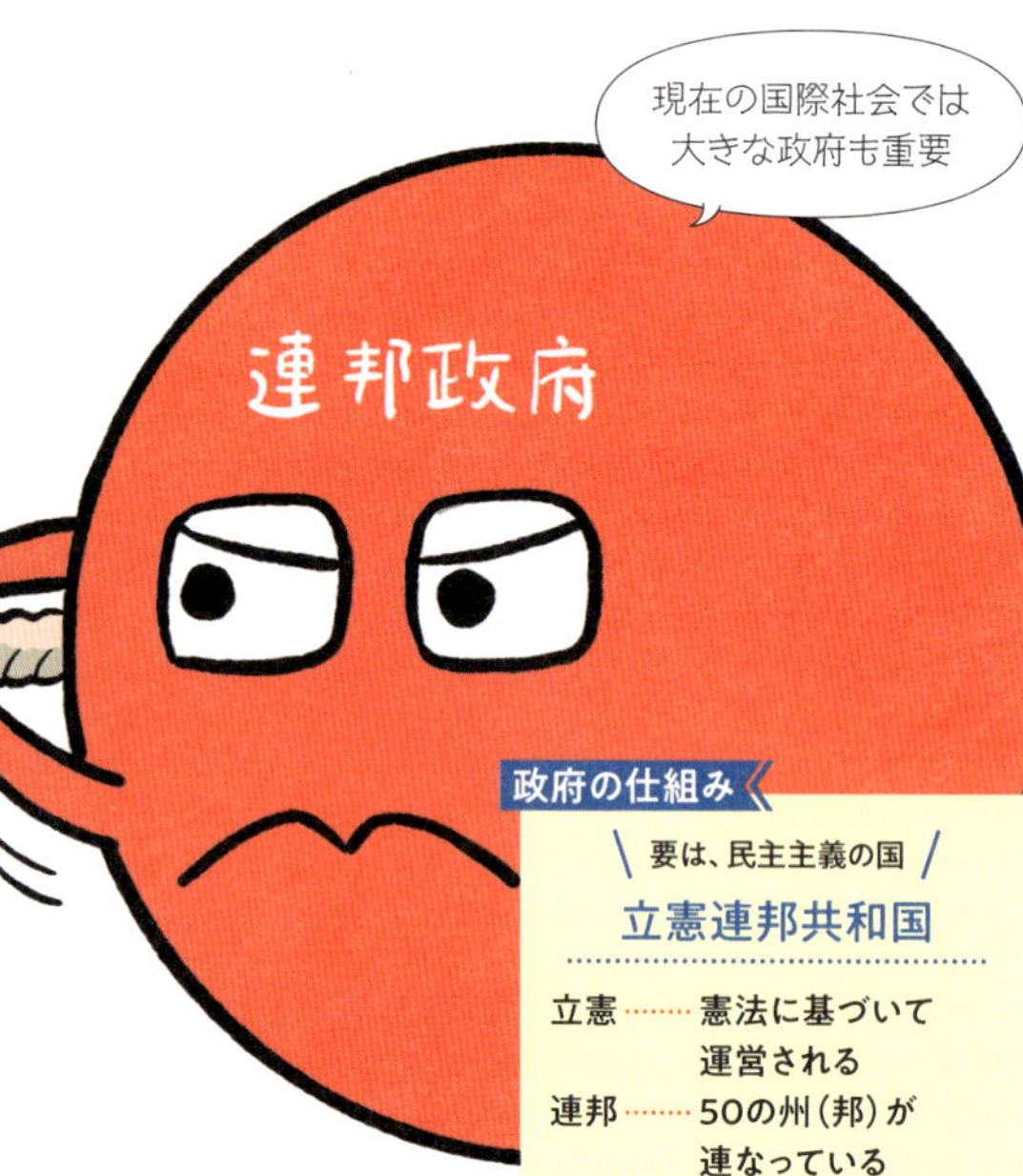

現在の国際社会では
大きな政府も重要
連邦政府

政府の仕組み

＼要は、民主主義の国／

立憲連邦共和国

立憲……憲法に基づいて運営される
連邦……50の州(邦)が連なっている
共和国…主権は国民にある

P18～の「アメリカの歴史」でも紹介したように、アメリカはもともと、〝性格の異なる13の植民地〟が、本国イギリスから独立をするために、なんとか手を組んで戦い、誕生した国です。

建国に向けて進んでいた当時から、**全体をまとめる**

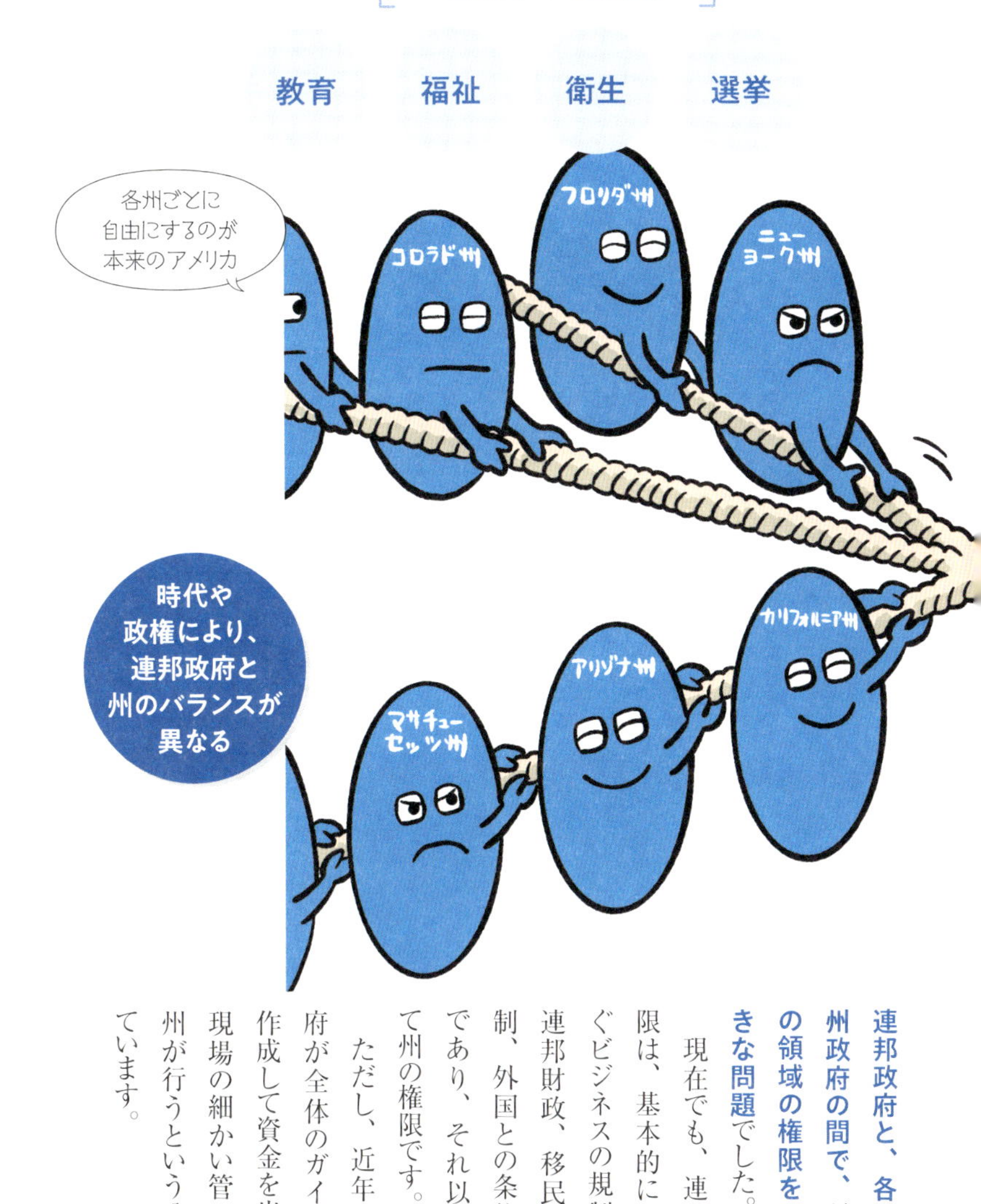

連邦政府と、各地を治める州政府の間で、どちらがどの領域の権限を持つかは大きな問題でした。

現在でも、連邦政府の権限は、基本的には州をまたぐビジネスの規制や国防、連邦財政、移民や帰化の規制、外国との条約締結などであり、それ以外は、すべて州の権限です。

ただし、近年は、連邦政府が全体のガイドラインを作成して資金を出しながら、現場の細かい管理や運営は州が行うという分野も増えています。

アメリカの政治、選挙

Point 2

選挙に勝つため！ 実は立場が正反対になった歴史がある2大政党

保守の共和党とリベラルな民主党？

現在はリベラルなイメージの民主党ですが、南北戦争の時代は、南部の農民を基盤として黒人奴隷制に賛成。一方、都市の商工業者の支持を受け、奴隷制拡大に反対したのが保守の共和党です。支持層や主張がここまで正反対になったのは、ニュー

自由市場を重視する、いわゆる保守

共和党

支持者
熱心なキリスト教徒の白人、最近は労働者階級も

エリア
南部、中西部

経済
自由貿易（近年は保護貿易も）、規制緩和

外交
アメリカ第一の強硬姿勢

歴代大統領
ドナルド・トランプ
ジョージ・W・ブッシュ
ロナルド・レーガン
リチャード・ニクソン
ドワイト・D・アイゼンハワー
エイブラハム・リンカーン

の勢力図 ］

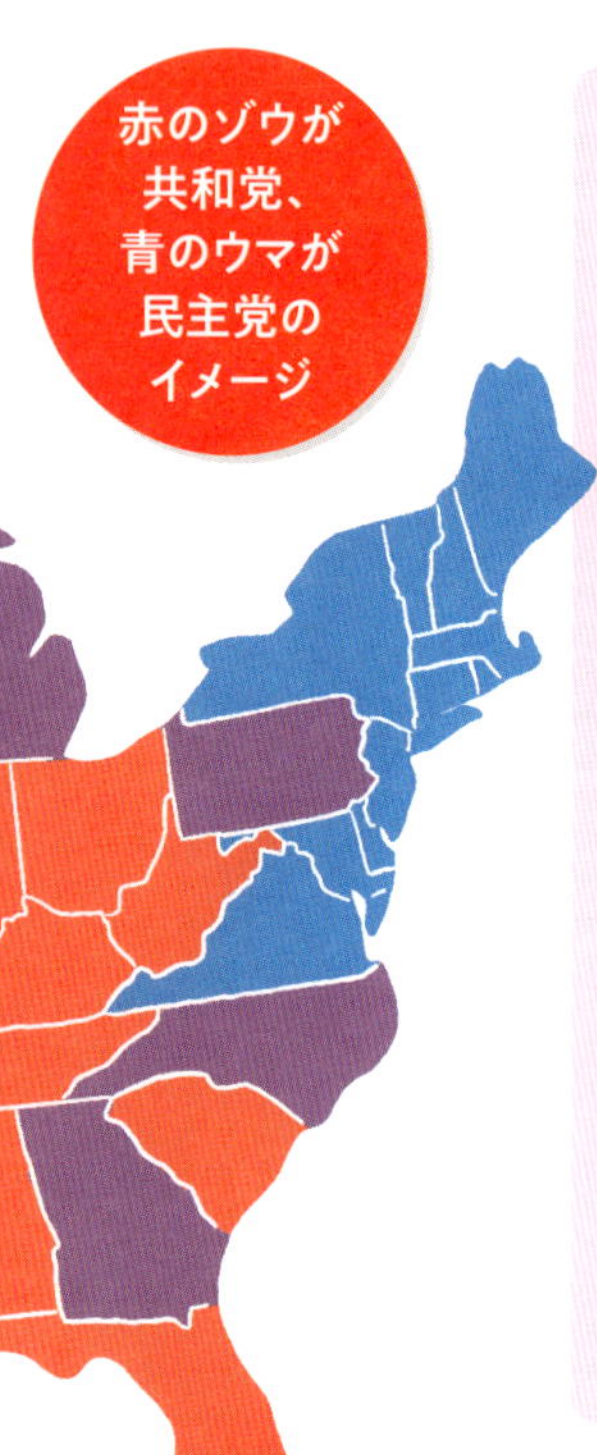

赤のゾウが共和党、青のウマが民主党のイメージ

2024年大統領選

リベラルで、
大きな政府になることも

民主党

支持者
アフリカ系、アジア系、
最近は高学歴、富裕層も

エリア
東海岸、西海岸の
大都市

経済
保護貿易

外交
諸外国と協調する路線

歴代大統領、大統領候補
カマラ・ハリス
ジョー・バイデン
バラク・オバマ
ビル・クリントン
ジョン・F・ケネディ
ハリー・S・トルーマン

＼勝利政党が変わりやすい激戦区／

スイング・ステート

共和党と民主党の支持率が伯仲し、選挙を行う度に勝利する政党が変わるため、どちらが勝つかが事前にはわかりにくい州。

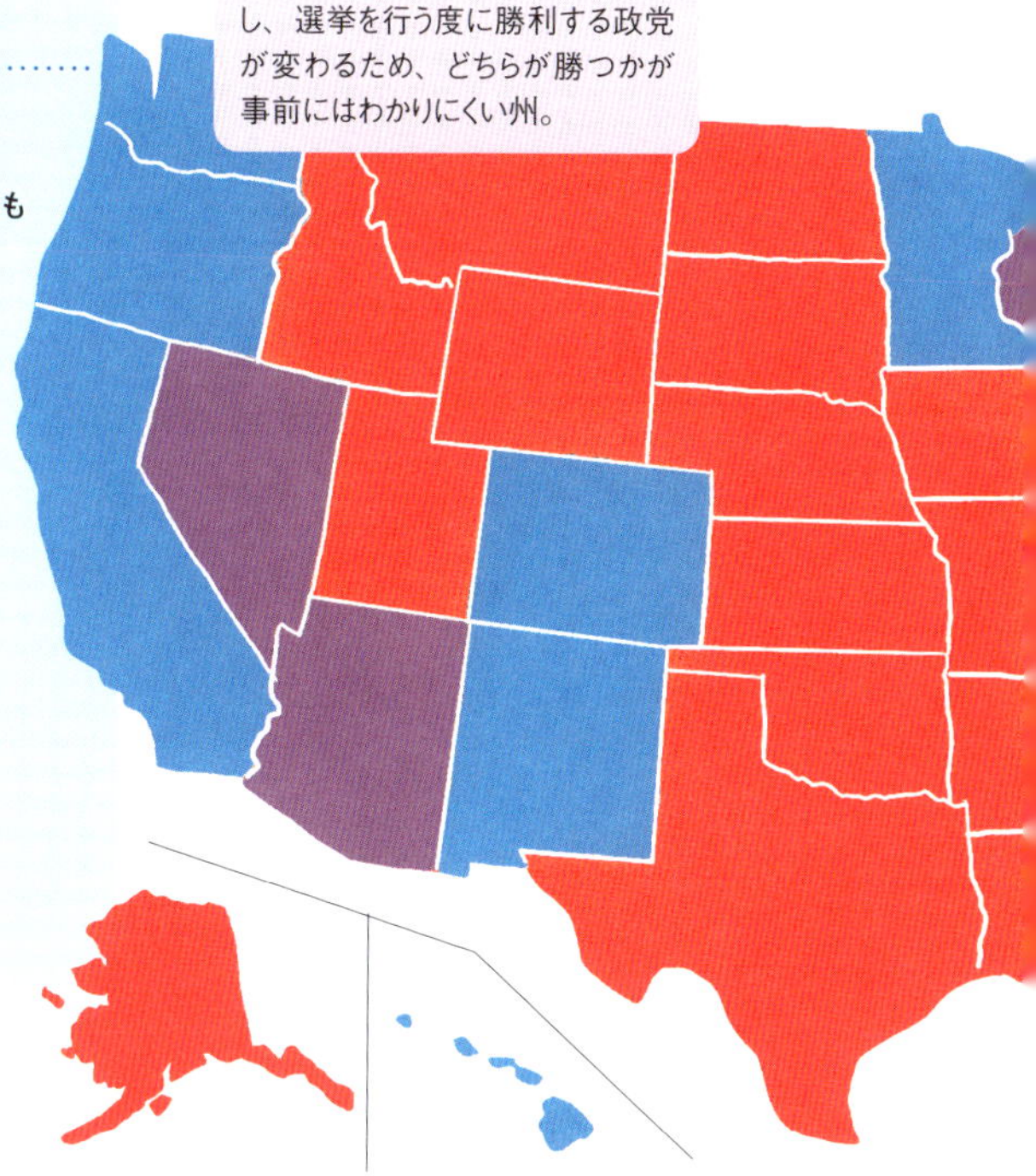

ディール政策の時代に民主党が都市部の支持を得たことや、民主党政権下で公民権法が成立して南部保守層の支持を失い、そこに共和党が入り込んだことなどがあります。

アメリカの政党は**理念よりも選挙に勝つことを優先し、目先の支持を得ようとする**ため、このような事態になったようです。

現在も全土で支持者の奪い合いは続いており、対立する両党はアメリカの分断（P128）の大きな原因の1つになっています。

アメリカの政治、選挙 Point 3

日本と異なる〝選挙人〟がいるため わかりにくい大統領選の仕組み

日本人には理解しにくい大統領選の仕組み

4年に1度行われる大統領選では、国民が直接元首を選びますが、〝選挙人〟という仕組みがあり、わかりづらくなっています。一般の有権者による本選挙では、有権者は大統領候補に投票しますが、それは直接候補者の得票にはなりません。

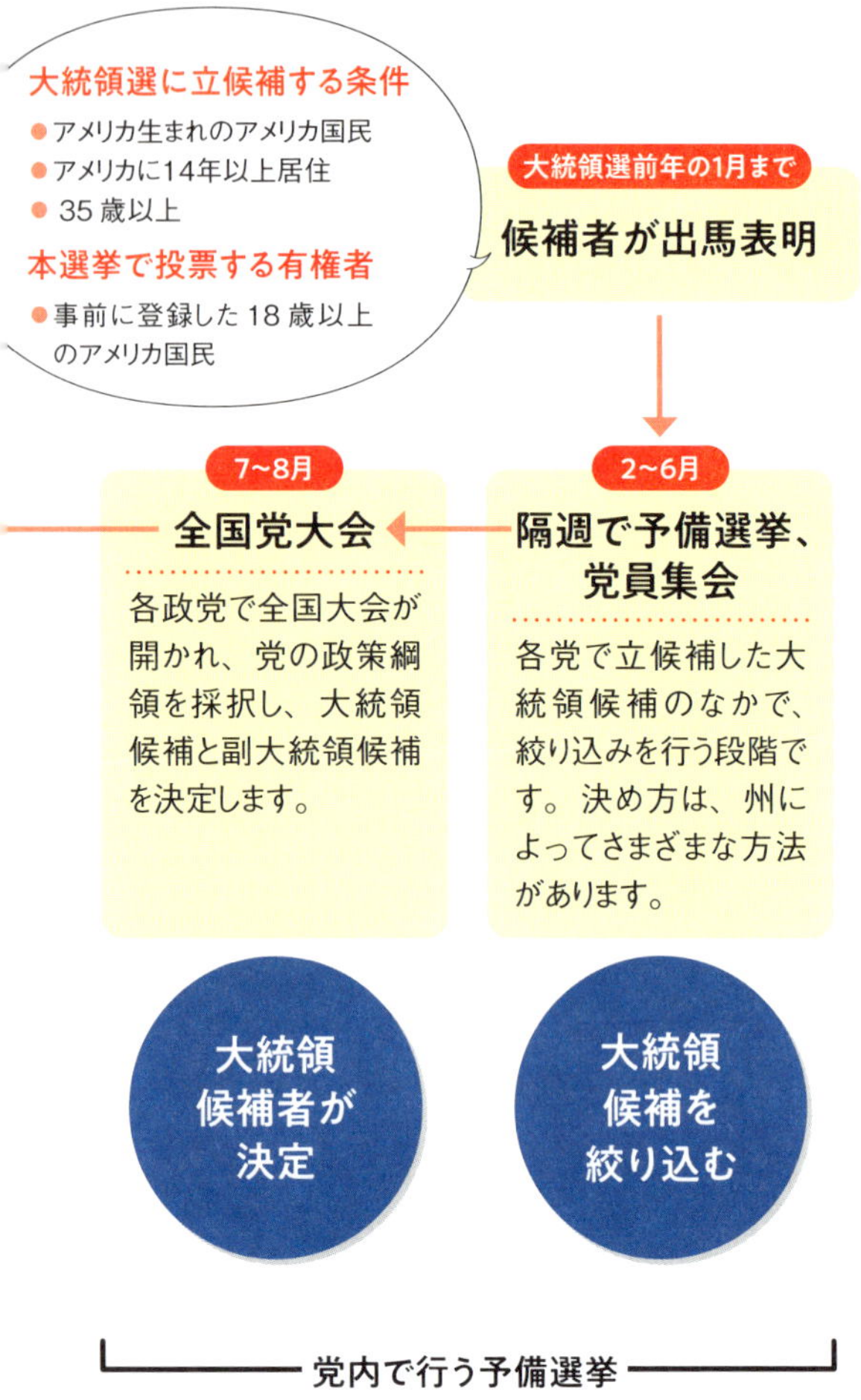

大統領選に立候補する条件
- アメリカ生まれのアメリカ国民
- アメリカに14年以上居住
- 35歳以上

本選挙で投票する有権者
- 事前に登録した18歳以上のアメリカ国民

大統領選前年の1月まで
候補者が出馬表明

2~6月
隔週で予備選挙、党員集会
各党で立候補した大統領候補のなかで、絞り込みを行う段階です。決め方は、州によってさまざまな方法があります。

大統領候補を絞り込む

7~8月
全国党大会
各政党で全国大会が開かれ、党の政策綱領を採択し、大統領候補と副大統領候補を決定します。

大統領候補者が決定

党内で行う予備選挙

KEYWORD

選挙人

大統領選において、候補者に直接投票をする人。政党が指名するが、選出のルールや条件は州によって異なります。

不誠実な選挙人

これまでは数名しかいないが、自党の候補への投票を拒否した人。近年では、禁止するルールが強化されています。

9~11月

選挙戦

大統領候補は、全国を回って遊説を行ったり、テレビ討論会などに出演して政策や批判点などについて議論をしたりします。

11月第一月曜日の翌日

一般投票

一般の有権者による投票。投票の日程は憲法で決まっていますが、期日前投票についてや身分証明の提示などのルールは各州が決めます。

12月

各州の選挙人が投票

形式的な投票で、一般投票で、ほぼ決まっています。ただし、「不誠実な選挙人」がいると得票数が変わることも。

翌年1月

ようやく正式に決定 大統領就任

事実上、ここで大統領が決定する

一般の有権者による本選挙

各州で投票を集計し、勝った政党の"選挙人"が、自分の支持する候補者に投票するのです。選挙人は、州の人口に応じて割り当てられ、全部で538名いますので、270票をとった候補者の勝利。ただし、**ほとんどの州で勝者総取り方式**であるため、例えば54名の選挙人がいるカリフォルニアで勝利すれば、54票得ることができます。この制度では、有権者の総得票数では勝っていても、選挙人の得票で負け、大統領になれないという事態になることもあります。

【アメリカの 法律】

国全体のこと、州をまたぐことはこっちです

法が優先される

合衆国憲法

独立宣言の11年後の1787年に作成され、翌年、各州の批准を得た世界最古の成文憲法。

連邦法

連邦議会で立法する法律。規定できるのは合衆国憲法にある範囲に限定されている。

以外は州の権限

連邦規則

官報で公布される、連邦法を補完する規則や規定。日本でいえば政令や省令などのイメージ。

主な範囲

- 国防
- 外交
- 貿易
- 連邦財政

アメリカにはたくさんの憲法がある

P58でみたように、アメリカには権限を持つ統治機構が連邦政府と州政府の2つあります。そのため、憲法が1つの日本と異なり、アメリカでは**各州にも州憲法や州法が存在**するのです。

連邦政府と州政府の決まりは独立していますが、基本的に**合衆国憲法にある内容以外は州が決める領域**であり、**齟齬があった場合は連邦政府の規定が優先**されます。

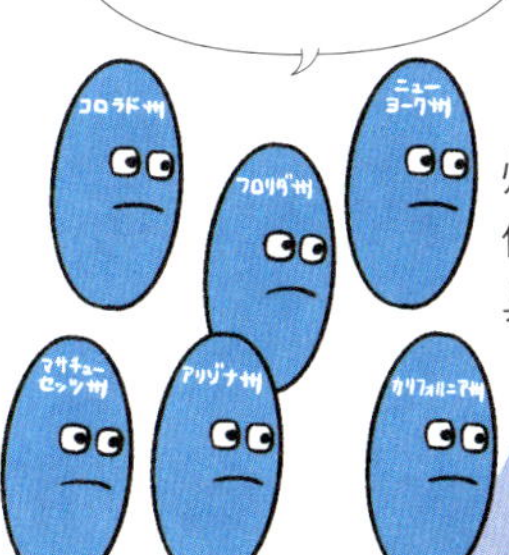

州憲法

州政府の権限を抑制するため、住人の関係について、詳細で具体的に記述している。

州法

州憲法に基づく法律。日本の刑法や民法、商法などの大部分は州法で制定される。

州の規制

州法を補完する規則や規定。

合衆国憲法や連邦

州は国の下部単位ではなく、主権を持つ

合衆国憲法の規定

主な範囲

教育　福祉　衛生　選挙

アメリカの法律 Point 1

国の決まりである憲法は最低限！必要があれば追加するスタイル

1787年成立 必要最低限

アメリカ合衆国憲法

前文 われら合衆国の国民は、より完全な連邦を形成し、正義を樹立し、国内の平穏を保障し、共同の防衛に備え、一般の福祉を増進し、われらとわれらの子孫のために自由の恵沢を確保する目的をもって、ここにアメリカ合衆国のためにこの憲法を制定し、確定する。

- **第1章**… アメリカ合衆国議会について
- **第2章**… 大統領府について
- **第3章**… 司法制度について
- **第4章**… 州と連邦政府について
- **第5章**… 憲法の改正について
- **第6章**… 最高法規について
- **第7章**… 憲法の批准について

世界でも有数の短さ！（日本はもっと短い）

アメリカ
細かいことは各州にまかせます！

市民の主権を明記した画期的な成文憲法

世界最古の成文憲法である合衆国憲法。特徴は、選挙を前提とした「**人民主権**」や、連邦政府を設置しながら州に権限を残した「**連邦主義**」、権力の暴走を防ぐための厳格な「**三権分立**」などがあるでしょう。ヨーロッパでは、王制などで迫害さ

世界各国の憲法改正

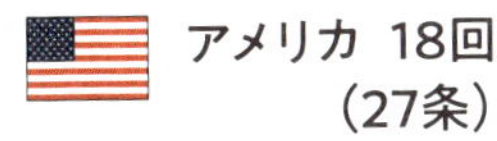
アメリカ 18回（27条）

日本 0回

フランス 27回

ドイツ 67回

中国 10回

合衆国憲法は、これまでに18回、計27条の追加が行われており、改正は連邦政府や人権に関するものがほとんどです。ちなみに憲法自体の改正には連邦議会の各議院の2/3の賛成による発議と、全州の3/4の州議会による承認が必要です。

1791年成立
追加

修正第1条～第10条（権利章典）

第1条……信教・言論・出版・集会の自由、請願権
第2条……人民の武装権
第3条……軍隊の舎営に対する制限
第4条……不合理な捜索、逮捕、押収の禁止
第5条……大陪審の保障、二重の処罰の禁止、適正手続、財産権の保障
第6条……陪審、迅速な公開の裁判その他刑事上の人権保障
第7条……民事事件における陪審審理の保障
第8条……残虐で異常な刑罰の禁止など
第9条……人民の権利に関する一般条項
第10条……州または人民に留保された権限

第11条（1795年）：各州の主権による免責

第12条（1804年）：大統領と副大統領選挙における選挙人投票規定

第13条（1865年）：奴隷制廃止

⋮

第27条（1992年）：連邦議員報酬の変更

れた市民の少なくなかった当時としては画期的な法規でした。

他国の憲法と比較すると、各州の裁量が大きく、国として最低限の決まりであるため、**世界でも非常に短い憲法**です。

また、最低限の内容を記載しているため、新たに規定する必要が発生した場合は、**修正第○条というように、追加する形で改正**するのも特徴の1つ。修正第1条~10条は、権利章典と呼ばれ、人権保障の規定になっています。

アメリカの法律

Point 2

司法は判例で恣意的な判断を防ぎ政治的な判断をすることも

日本とは異なる法律についての考え方

「アメリカの法律」における特徴の1つが判例法主義でしょう。日本では基本的に裁判では法律が根拠ですが、アメリカでは**過去のすべての判例も法的根拠になり、判決は判例に拘束される**という考え方です。

建国当時、判決を判例に

過去の判例が重要な根拠になる

判例法主義

アメリカやイギリスにおける法律運用の特徴1つ。裁判において判例を重要な法的根拠とする考え方で、判決は、類似した過去の裁判の判例に拘束されます。最高裁判所の判決だけではなく、第1審や第2審の判決も引用されます。

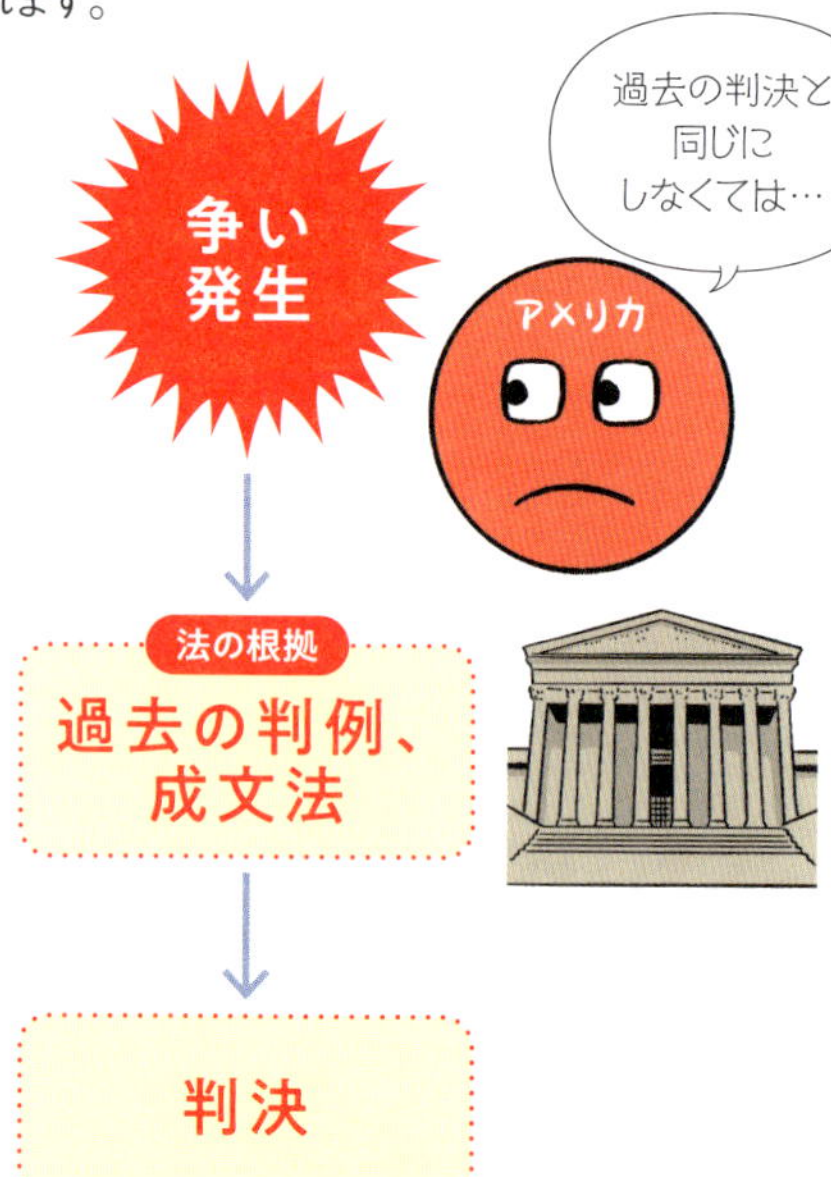

制定された法律を運用して判決

制定法主義

日本

ドイツ

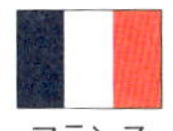
フランス

日本やドイツ、フランスで一般的な、成文法を法的な根拠とする考え方。基本的に、裁判の判決は法律にのみ拘束されますが、判例も法律の解釈を補完するために活用されることもあります。

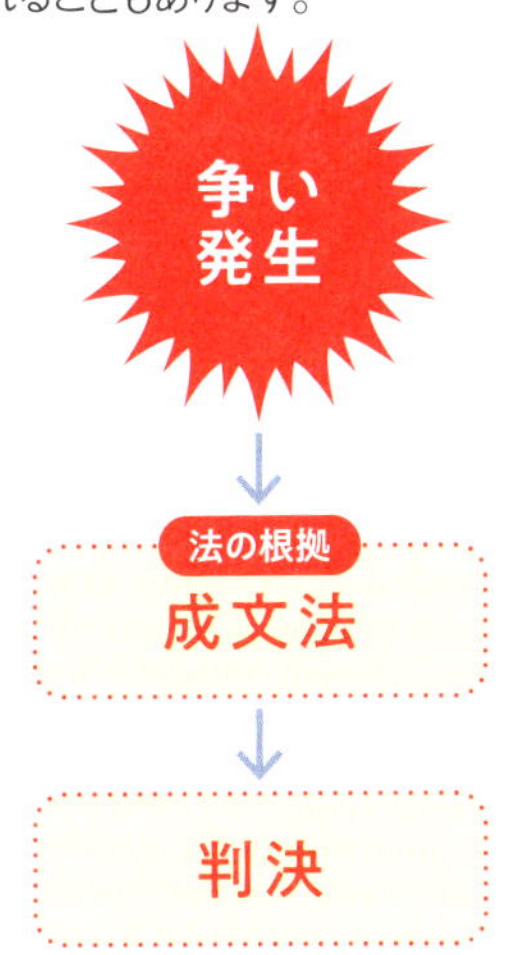

↓

法の根拠
成文法

↓

判決

アメリカの判例法主義の特徴

恣意的な判断ではなく、“法の支配”を示すために重要

最高裁判所だけでなく、第一審、第二審の判決も引用される

司法により人種に関する決まりが生まれたことも

拘束させることで陪審員の恣意的な判断を避け、法による統治を徹底する必要から判例方主義が発達したとされています。

　また、判例主義の強いアメリカでは、司法が積極的に憲法や法律の解釈を行うという特徴もあります。例えば、高度な政治性を含む裁判では、日本の最高裁判所は判決を回避することがありますが、アメリカでは人権や人種など**政府の方針に関わるような議案でも司法が判決を行う**ことが多いのです。

COLUMN

01

聞いたことはあるけれどよく知らない……アメリカの禁酒法ってどんな法律？

主に酒類の提供者側を対象としていた禁酒法

1920年にアメリカで施行された禁酒法。一度は耳にしたことがある人も多いと思いますが、現代の私たちからすると、禁酒を法律にするというのは、少し違和感を感じるのではないでしょうか？ここでは、アメリカの禁酒法の背景や、その影響をみてみましょう。

禁酒法は、第一次世界大戦の終結間際の1917年に、「飲用アルコールの醸造や販売、運搬、輸入、輸出」などの禁止事項を記した憲法修正18条が議会で可決され、1919年に公布、アメリカ国内が好景気に沸く1920年に施行された法律です。禁酒法というと“飲酒禁止”のようなイメージがありますが、飲酒自体や酒類の所有を禁止しているわけではなく、主に提供者側を対象とするものでした。

強制力のある法律として禁酒法が生まれた背景

世界的にみると酒を禁止する政策はそこまで珍しいものではなく、アメリカでも1800年代から禁酒を進める動きはあったそうです。1900年代になると、アルコール中毒による健康被害や家庭内暴力などを問題視する声が強くなっていきました。

また、当時、ヨーロッパからアメリカに渡った移民のなかには、日常的に飲酒し、酩酊してしまう人が少なくなかったことに対し、キリスト教の道徳観を守りたいという保守派の考えも禁酒法成立の背景にはあったようです。さらに、第一次世界大戦で対立したドイツはビールのイメージがあり、ドイツ嫌いの風潮も禁酒法に関係したといわれています。

多くの問題点が露呈した禁酒法の影響

禁酒法が施行されたあとも酒類を撲滅するのは困難で、飲酒することはそれほど難しくなかったようです。というのも、ウイスキーはカナダ、ラム酒はカリブ海の国から密輸したり、工業用アルコールを原料とした密造酒が密造されたり、「スピークイージー」と呼ばれる秘密の酒場が登場したりするなど、非合法に酒類を入手することはできたといわれています。質の悪い酒類が出回ったことで、例えば“アルコールによる健康被害の減少”といった社会的な改善はあまりみられませんでした。

そればかりか、酒類の密輸・密造に関わったギャングたちが巨万の富を築きます。その影響でギャング同士の対立が生まれ、銃撃や殺人などの暴力事件が頻発し、かえって治安が悪化したエリアもあったそうです。

こうして、禁酒法は大きなメリットがないまま、大恐慌後の1933年、憲法修正21条によって廃止されました。

BUSINESS

ビジネス

92ページ

多くの分野において世界的な企業が乱立

ビジネスの世界では中国の企業が台頭してはいますが、現在でも、アメリカには世界的な影響力のある企業がたくさんあります。

ACADEMIC RESEARCH, CULTURE

学術研究、カルチャー

82ページ

世界中に影響力をあたえるさまざまな文化の発信地

教育制度や先端研究、映画、スポーツなどのアメリカの文化も他国と一線を画すパワーがあります。

PART

2

世界一の国としてのアメリカ

世界をリードする秘密をのぞいてみましょう。

THE UNITED STATES OF AMERICA

MILITARY

軍事

74ページ

世界各地に展開する
世界で唯一の軍隊

世界でのプレゼンスを支える、
軍事の仕組みや運用体制、
基本的な方針などを紹介します。

アメリカの軍事

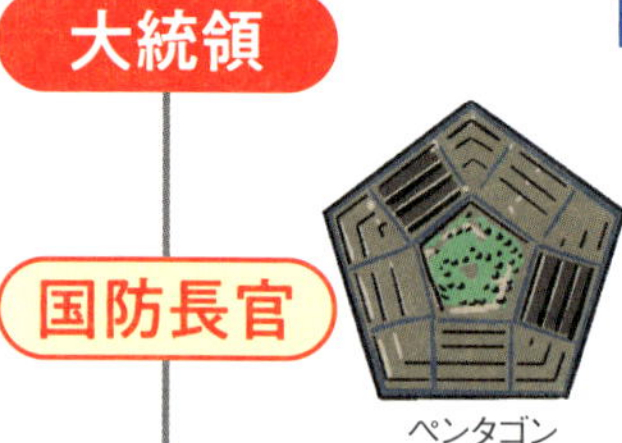

ペンタゴン

米軍DATA

国防支出 約8769億ドル（世界1位）
（2位の中国の約3倍、日本の約19倍）

総兵員	約125.5万人	陸 軍	約44万人
海 軍	約32.5万人	空 軍	約31.3万人
海兵隊	約16.7万人	宇宙軍	約1.0万人

（参考：自衛隊約 22 万人）

出典：World Bank Group 2023、令和 6 年防衛白書

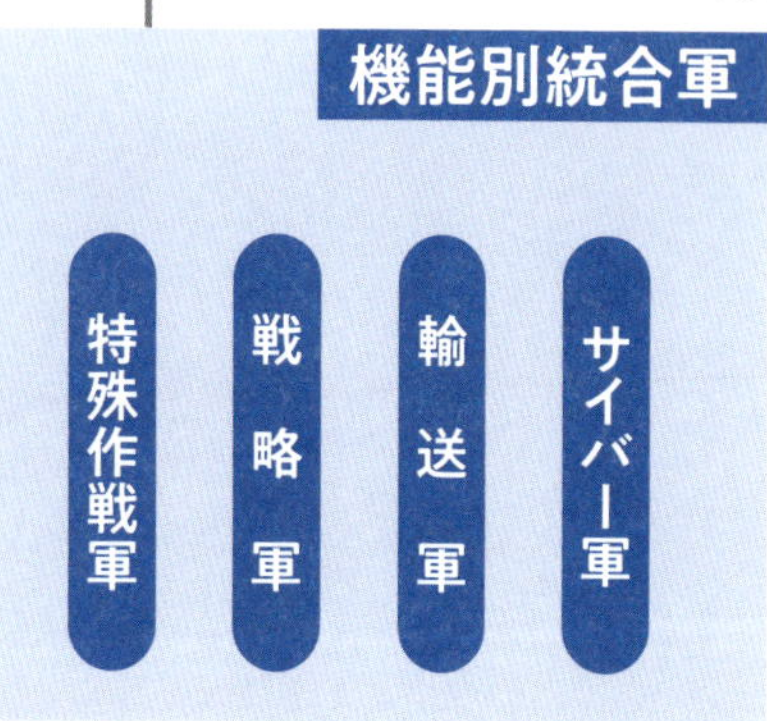

有事には海軍の
一部門になる

宇宙軍
Space Force

沿岸警備隊
Coast Guard

世界最強といえる米軍の軍事力

アメリカは世界第2位の中国と比べて約3倍もの国防支出額です。プレゼンスが低下しているとはいえ、まだまだ世界を圧倒的にリードする軍事力をほこっています。

米軍の特徴としては、**地域別統合軍と機能別統合軍という統合軍**が、陸軍や海軍などの**軍種を運用する体制**でしょう。また、**各州にも独自の州兵が存在する**のも特徴の1つです。

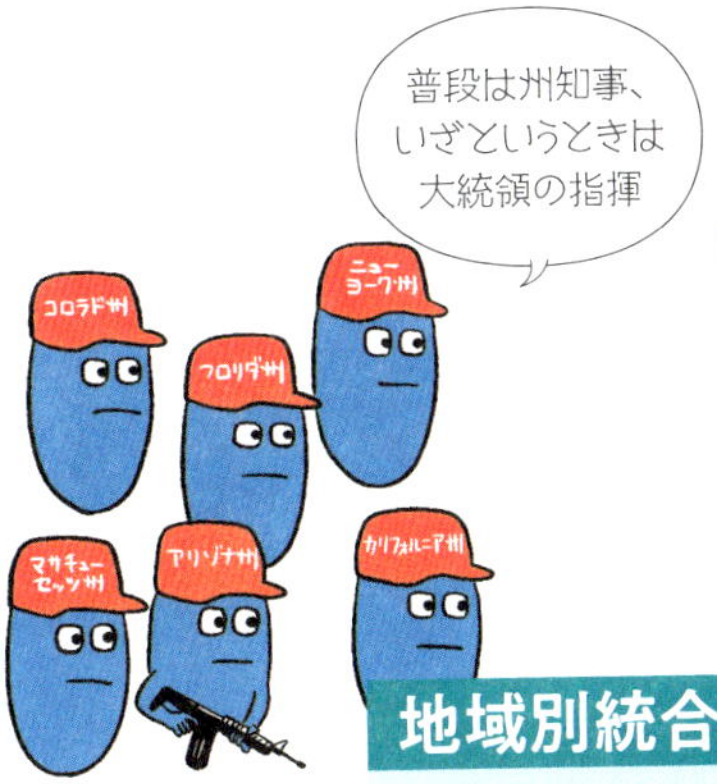

普段は州知事、いざというときは大統領の指揮

コロラド州
フロリダ州
ニューヨーク州
マサチューセッツ州
アリゾナ州
カリフォルニア州

各地域に設置された独自の軍隊

州兵 National Guard

平時は州知事の指揮下で災害救助や治安維持などの活動がメインですが、有事には大統領の指揮下に入って軍事活動を行うなど、予備役の軍隊としての役割があります。

地域別統合群

世界を6分割

北方軍
南方軍
欧州軍
アフリカ軍
中央軍
インド太平洋軍

宇宙コマンド

大きな特徴は、軍種を横断した、統合軍の体制

陸軍 Army
海軍 Navy
空軍 Air Force
海兵隊 Marine Corps

スムーズに世界へ展開するため 2つの統合軍が5つの軍種を運用

地域別統合軍

ヨーロッパと中東、アフリカ、インド太平洋、北米、南米と世界を6分割した統合軍（詳しくはP78）。

世界最大の規模をほこる軍種

陸　軍

歩兵の戦闘部隊や、砲兵、工兵、軍医などの戦闘支援部隊で構成。

世界に対する影響力の要

海　軍

11隻の空母や潜水艦、駆逐艦などで世界中に展開し、世界の海を治める。

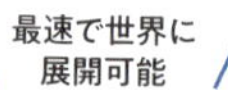

最速で世界に展開可能

空　軍

最新鋭の戦闘機や偵察機、輸送機などを運用。

機能や地域、役割を融合した統合軍編成

2度の世界大戦に加え、世界各地の紛争に参戦するなど豊富な実践経験を持ち、質量の両面で世界最強といえる米軍。現在は、世界を6分割＋宇宙コマンドの地域別統合軍と、重要な役割を持つ機能別統合軍が、各軍種を運用する統合軍編成が

機能別統合軍

特殊部隊を指揮する特殊作戦軍や、大陸間弾道ミサイルなどを指揮する戦略軍など特別な機能で分類される。

主に上陸作戦を展開する

海兵隊

主に海外展開を任務とし、必要に応じて上陸作戦を展開する。

今や宇宙も軍隊の領域

宇宙軍

宇宙を担当領域とし、宇宙へのアクセスの防衛や、宇宙運用技術の提供を行う。

平時は海上警備が任務

沿岸警備隊

海上の警察機関でもあるが、大統領の命令で海軍を補完する。

とられています。

軍種は、陸軍に海軍、空軍、海兵隊に加え、２０１９年に設立された宇宙軍の５つ。さらに、有事には海洋の安全や管理などを任務とする沿岸警備隊が加入します。**世界展開している米軍は、この統合軍編成という仕組みにより、スムーズな対応ができる**のです。

ちなみに現在、アメリカに徴兵制はありませんが、18〜25歳のアメリカ国民男性と永住外国人男性は連邦選抜徴兵登録制度への登録が義務づけられています。

アメリカの軍事 Point 2

地球を6分割して展開する米軍が世界の秩序を守る!?

［各地域別統合軍の担当地域］

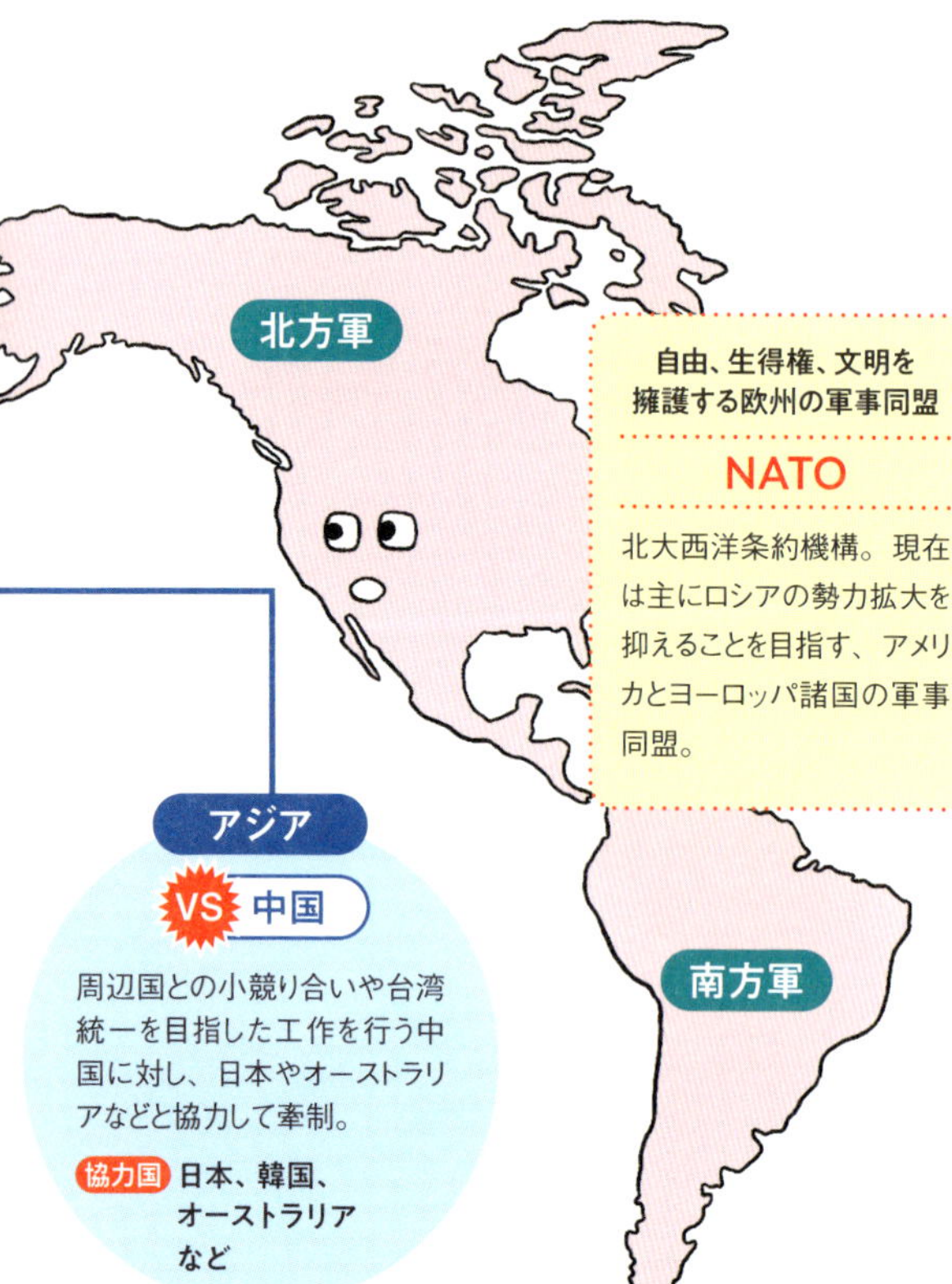

北方軍
南方軍
自由、生得権、文明を
擁護する欧州の軍事同盟
NATO
北大西洋条約機構。現在は主にロシアの勢力拡大を抑えることを目指す、アメリカとヨーロッパ諸国の軍事同盟。
アジア
VS 中国
周辺国との小競り合いや台湾統一を目指した工作を行う中国に対し、日本やオーストラリアなどと協力して牽制。
協力国 日本、韓国、オーストラリアなど

世界展開する米軍の現在

現在の大国といえる中国やロシア、そして日本も、軍事的な防衛戦略といえば、自国周辺における戦略ですが、地球を6つに分け、地域別統合軍によって**世界への展開を前提としている**点は、米軍の大きな特徴の1つでしょう。

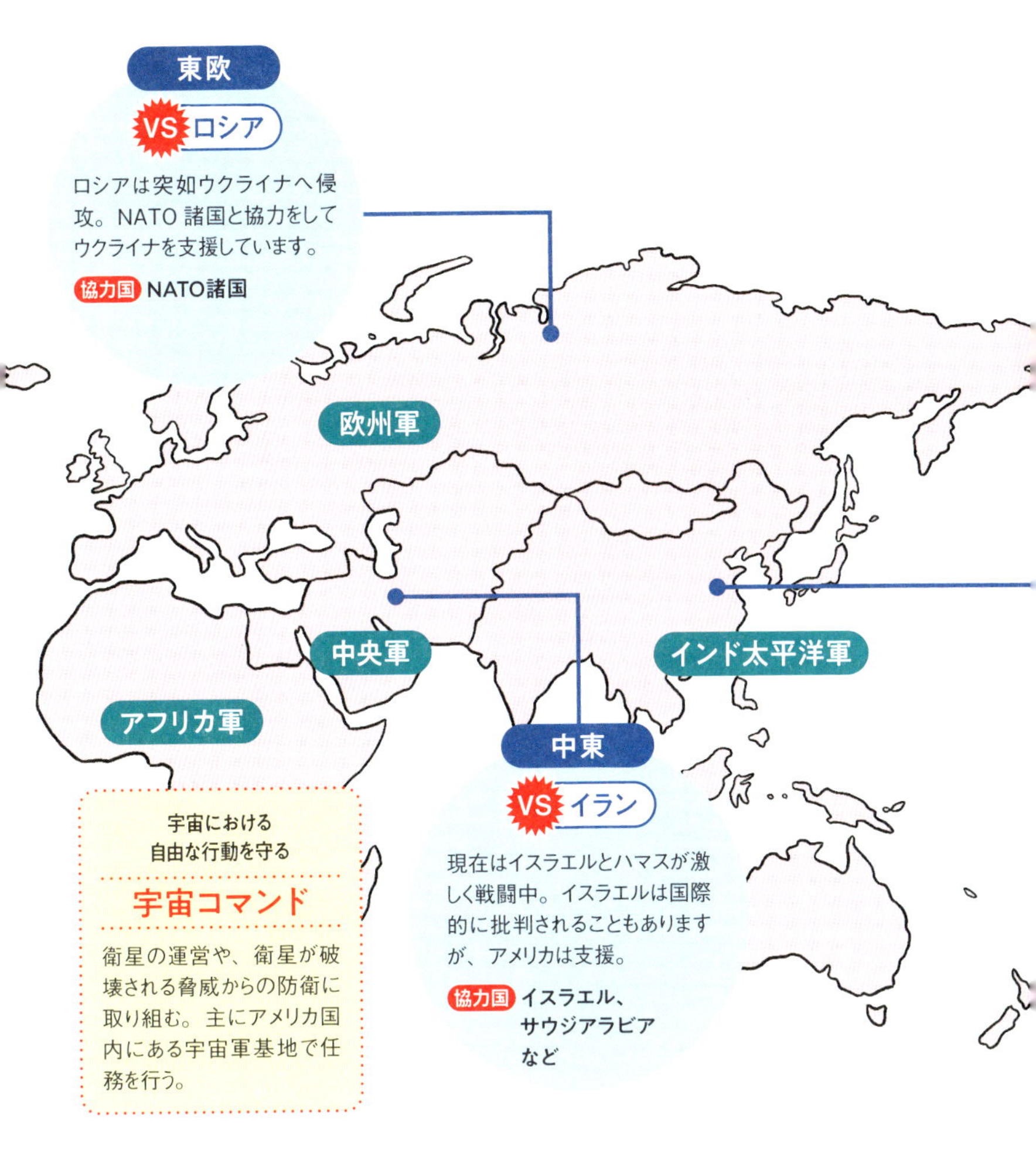

東欧
VS ロシア
ロシアは突如ウクライナへ侵攻。NATO 諸国と協力をしてウクライナを支援しています。
協力国 NATO諸国
欧州軍
中央軍
インド太平洋軍
アフリカ軍
中東
VS イラン
現在はイスラエルとハマスが激しく戦闘中。イスラエルは国際的に批判されることもありますが、アメリカは支援。
協力国 イスラエル、サウジアラビアなど

宇宙における自由な行動を守る

宇宙コマンド

衛星の運営や、衛星が破壊される脅威からの防衛に取り組む。主にアメリカ国内にある宇宙軍基地で任務を行う。

米軍が現在、積極的に関与せざるを得ないのが、**中央軍の中東、欧州軍の東欧、インド太平洋軍の東アジア**の3つ。中東ではユダヤ教の関係からアメリカとの距離が近いイスラエルが、イランの支援するハマスと対立し、ヨーロッパでは、ロシアの侵攻に対し、アメリカを中心としたNATO勢力でウクライナを支援しています。

また、インド太平洋では軍事的影響力を拡大している中国へ向け、日本や韓国、オーストラリアと協力し、牽制を続けているのです。

近年は同盟国などの他国と協調して秩序を守る方針に

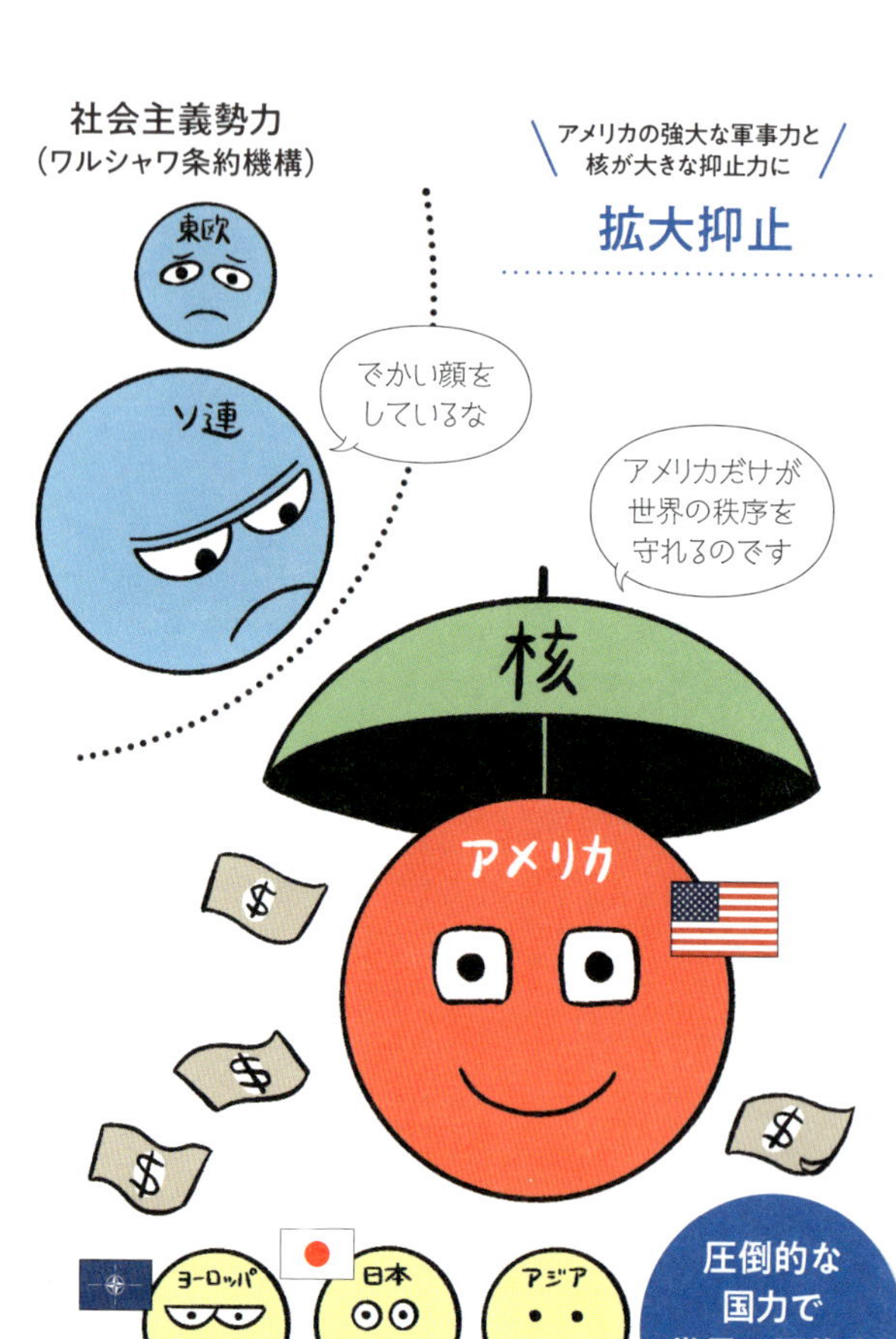

防衛の方針は、拡大抑止から統合抑止へ

アメリカは強大な軍事力に加え、**核の傘によって自国や同盟国を守る「拡大抑止」という方針**のもと、戦略を展開しています。

しかし、現在は中国の急激な成長や、強権主義的な振る舞いをするロシアの影響もあり、世界におけるアメ

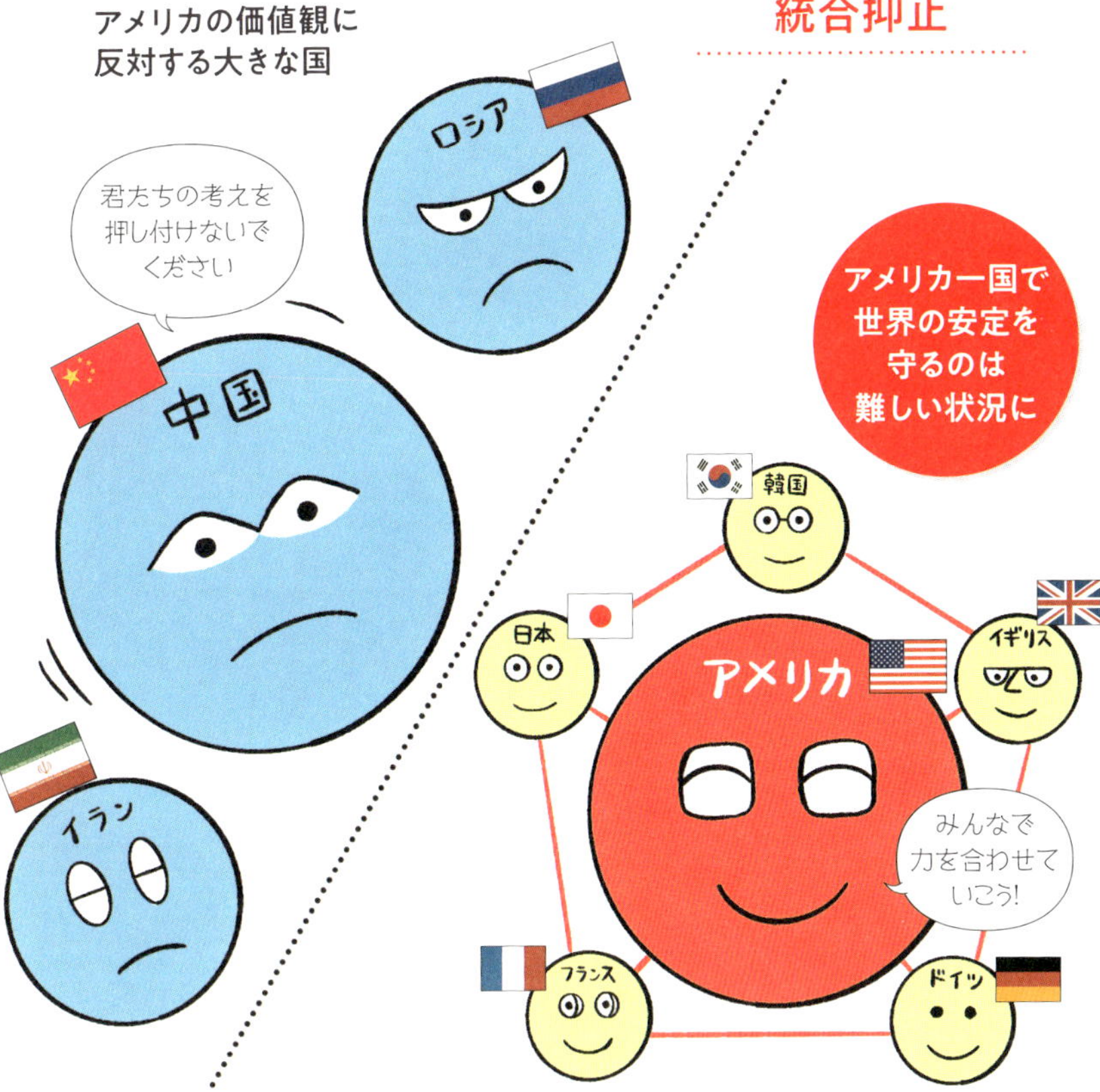

リカの優位性は低下しているといわれています。

というのも、例えばアメリカと中国をみると、総合的な戦力ではアメリカが上回っていますが、アジアのみでの局地戦などを考えると、どちらに優位性があるかが難しくなるのです。

ですから、近年は、NATOや日本、韓国をはじめとする同盟国などとともに、軍事のみではなく**外交や経済といった分野も含め、脅威と立ち向かっていく「統合抑止」という方針**を打ち出しています。

アメリカの学術研究、カルチャー

制度が州によって驚くほど異なる

教　育

アメリカでは、5-3-4年、6-2-4年などのように小-中-高の期間や、義務教育の年齢が州や地域によってバラバラで、日本とは大きく異なります。

「世界大学ランキング2024」上位100の大学数

	国名	大学数	最上位大学(順位)
1位	アメリカ	36	スタンフォード大学(2位)
2位	英国	11	オクスフォード大学(1位)
3位	ドイツ	8	ミュンヘン工科大学(30位)
4位	中国	7	清華大学(12位)
5位	オーストラリア	6	メルボルン大学(37位)
5位	オランダ	6	デルフト工科大学(48位)

出典:Times Higher Education

世界を先取りする研究を行う

研　究

目にみえる部分ではありませんが、研究においても世界をリード。アメリカの大学は、多数の大学ランキングでもっとも多くランクインし、また、シンクタンクの数も世界最多です。

世界的に優れた大学がもっとも多い

世界での影響力を高めるアメリカの文化

続いては、世界をリードするアメリカの文化的な側面をみてみましょう。

国家運営の根幹であり、優れた人材を生み出し続ける**教育制度**や、大学やシンクタンクなど先鋭的なリサーチを行う**研究機関**、また、文化の垣根を超えて多くの人を楽しませる**映画**、世界でもっとも規模の大きなリーグを含む**スポーツ**という4つのトピックスについて考えてみます。

カリフォルニアに世界一の映画の街が

映　画

ロサンゼルスのハリウッドは、世界でも有名な映画の街。アメリカでは、豊富な製作費を使い、文化を問わず誰でも楽しめる、世界展開を意識した映画製作が行われています。

映画の国別興行収入（2022年）

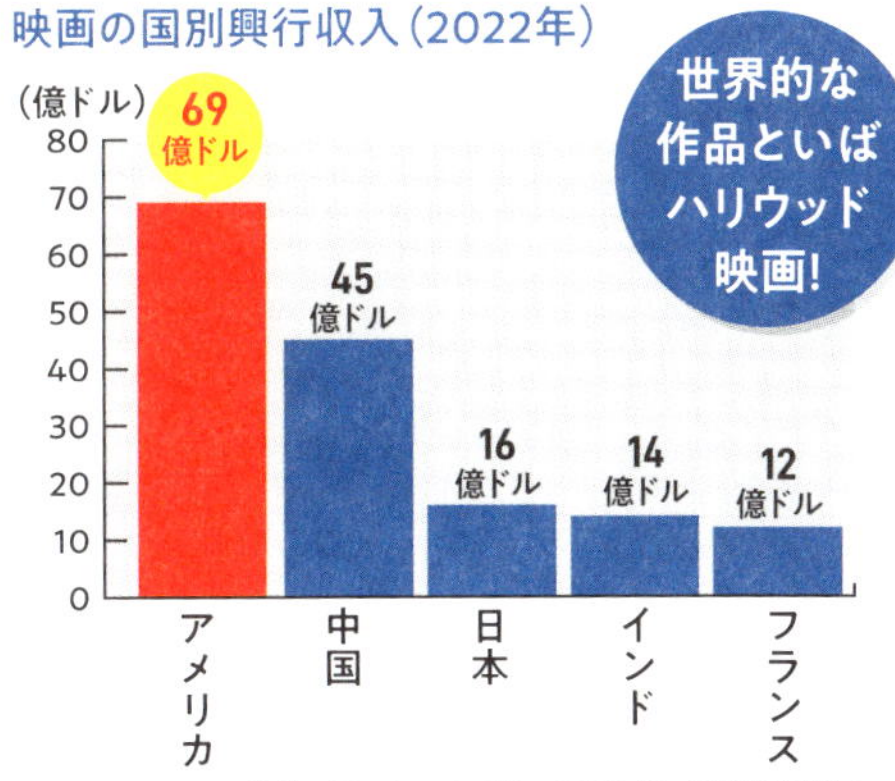

出典：Marche du Film 2022 年 年間興行収入 TOP10 マーケット

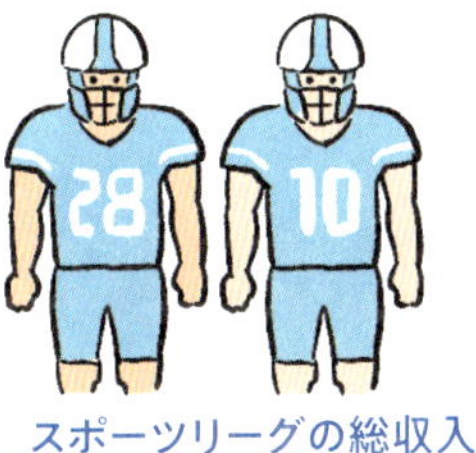

スポーツリーグの総収入（2023年）

NFL	約186億ドル
プレミアリーグ（サッカー）	約60億ドル
Jリーグ	約9.4億ドル

出典：The Sporting News、etream、j league

4大スポーツが大人気

スポーツ

アメリカではアメリカンフットボールとバスケットボール、野球、アイスホッケーが四大スポーツ。特にアメフトは、世界でも圧倒的に規模の大きなスポーツリーグです。

Point 1

就学年齢や小中高の年数も異なる 多様なアメリカの公教育

私の出る幕は
ないな……
中央政府
私立校
大学入学へ向け、
レベルの高い教育を
提供します
義務教育は
国ではなく
各州に
権限が!
公立校
小中高が
6年-2年-4年
教科書はコレ
うちは
5年-3年-4年
教科書はコッチ
うちは6年-3年-3年
ITの授業に
力を入れる
A州
B州
C州

画一された仕組みのない多様な公教育

連邦政府と州政府の役割が明確に分かれているアメリカでは、**教育は州、または、その下にある自治体の権限**です。

そのため、義務教育の開始年齢から義務教育の期間、小中高それぞれの期間（基本的に高校までが義務教育です）、教育の内容まで、州や自治体によって異なります。また、公立校には、州や自治体などが管轄するもののほかに、主に**非営利団体が「認可」と「公的な資金援助」を受けて運営するチャーター・スクール**も増加しています。チャーター・スクールでは、例えば不登校になった学生を対象にした教育など、独自のカリキュラムを行っています。

一方で、私立学校は一般的に高額な学費がかかりますが、大学入学に向け、質の高い教育を行っています。

＼まだある！／

日本とこんなに異なるアメリカの教育

通学方法

基本的に子どもが1人で通学することはなく、通学は親などの送迎か、スクールバスです。地域によっては高校くらいから、車で通学する学生もいます。

先生と校長先生の役割

勉強を教えることが先生の役割であり、日本のように生活指導をすることは基本的にありません。指導は、校長やカウンセラーが行うことが多いようです。

評価方法

日本では主にテストの点数で評価されますが、アメリカでは積極性や自立性、コミュニケーション能力といった姿勢も評価の大きなポイントになります。

アメリカの公教育の特徴

＼州によって開始年齢や年数が異なる／

義務教育

一般的なアメリカの義務教育

6～11歳	12～14歳	15～18歳
小学校 Elementary school	中学校 Middle School	高校 High-School

一般的なアメリカの義務教育の期間は、小中高が 5-3-4 年。小学校入学前の幼稚園が義務教育になっている州も。

＼子どもに最適な指導を提供／

習熟度に合わせた教育

身体的、精神的に障害があれば無償で最適な教育を受けられたり、ある分野で高い能力がある場合は飛び級ができたりなど、子どもに合わせた教育を提供。

アメリカの
学術研究、
カルチャー

Point 2

学術分野も政策分野も世界最先端の研究機関が無数にある

多くの分野の研究で世界のトップを走る

北東部にある8つの名門の私立大学の総称であるアイビー・リーグ。大学ランキングでは、常に上位に名を連ね、世界中の**学術研究やビジネス、政治などをリードする優秀な人材を多数輩出**しています。

また、アメリカの研究機

伝統ある世界随一の大学群

アイビーリーグ

全米トップクラスの名門大学で、合格率は5%前後といわれており、最難関。ちなみにハーバード大学は、アメリカ最古の大学で、植民地時代の1636年に創設。

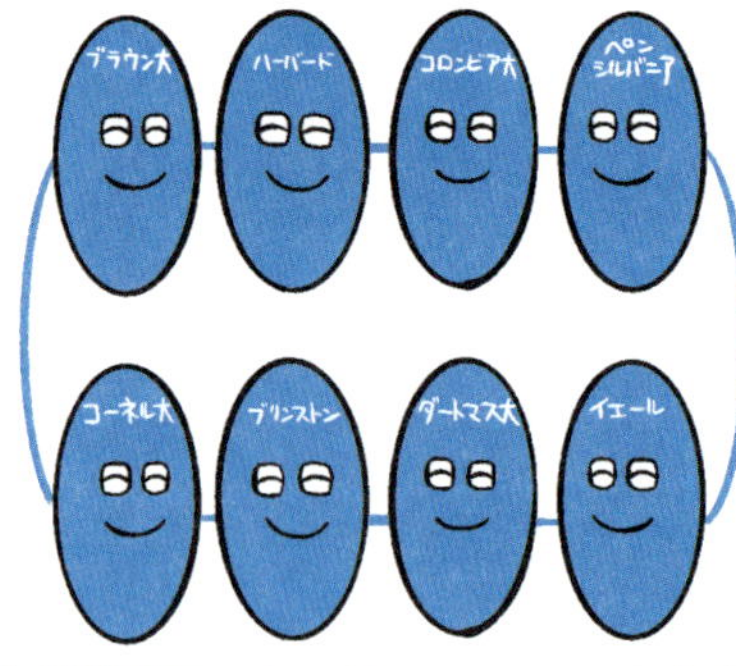

世界大学学術ランキング（2024年）

4位	ハーバード大学
6位	プリンストン大学
10位	イェール大学
16位	ペンシルベニア大学
17位	コロンビア大学
20位	コーネル大学

出典：Time Highter Educatin

ハーバード大学にまつまるお金

年間授業料
約850万円

卒業生初年度平均年収
約3100万円

出典：U.S. News

政策研究に特化した研究機関

シンクタンク

アメリカには世界の約 1/4 のシンクタンクが存在するといわれ、シンクタンクごとに「保守系」「リベラル系」などの立ち位置がある。個人や財団、企業、政府、また、外国政府などからの寄付も大きな収入源になっている。

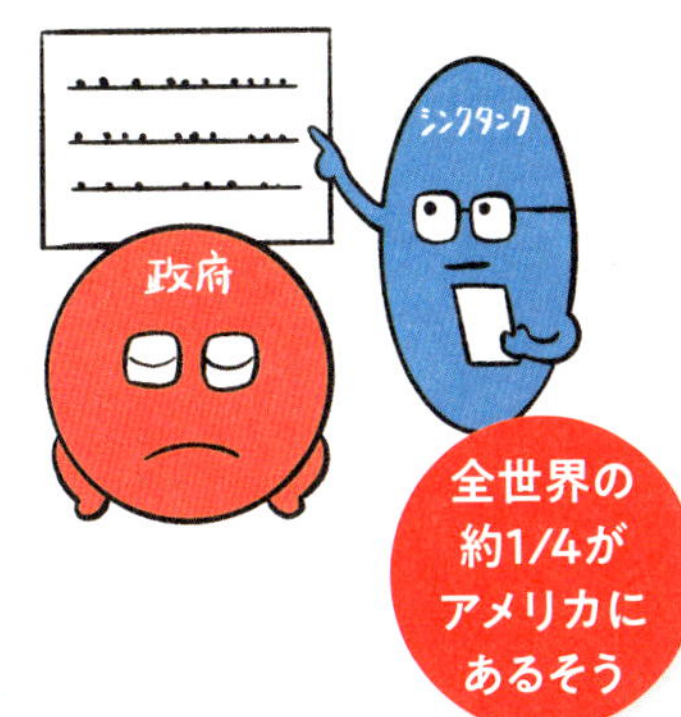

政権とシンクタンクの"回転ドア"

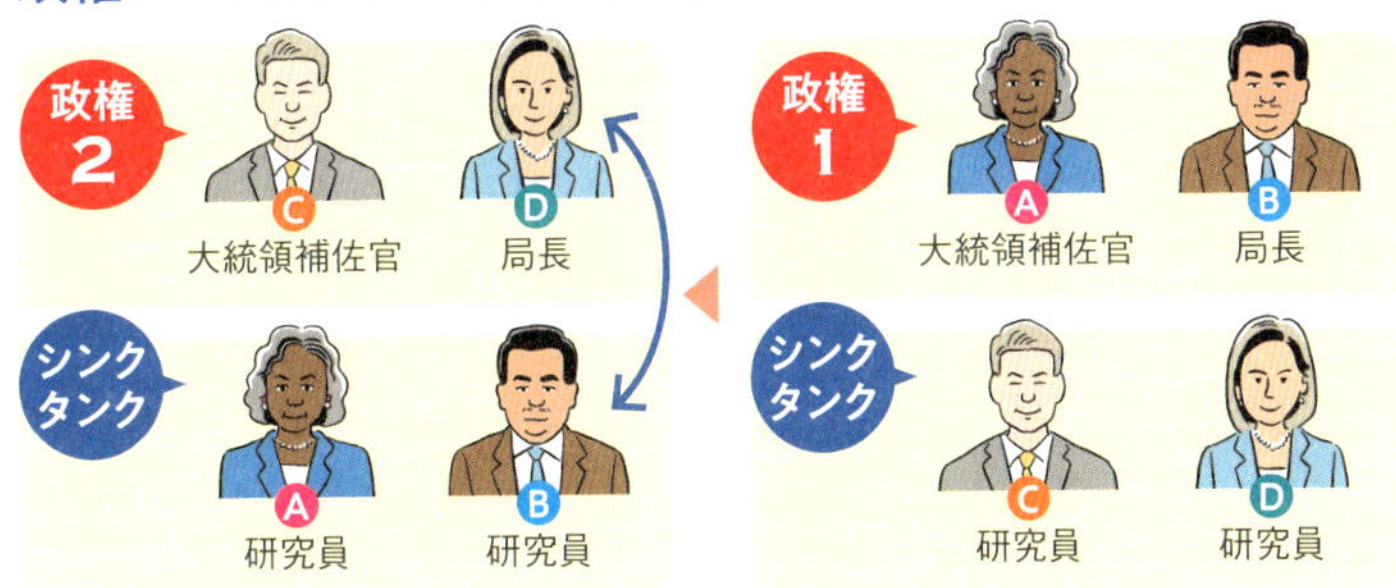

アメリカで有名なシンクタンク

ブルッキングス研究所

1916 年に設立。リベラル～中立なシンクタンクで、民主党政権では大きな影響力を持つ。

カーネギー国際平和財団

1910 年にアメリカが積極的に国際問題に関わり、解決を促進することを目的として設立された。

戦略国際問題研究所

1962 年に設立。民主党、共和党を問わず、幅広い人材を輩出。

関として特徴的なのが、政治や経済、軍事などの研究、政策立案と提言を行うシンクタンクです。アメリカには世界でもっとも多くのシンクタンクがあり、2位の中国の1.5倍も存在するといわれています。

アメリカでは、**政府高官としてシンクタンクの研究員が起用される**ことも多く、〝回転ドア〟などと呼ばれますが、保守とリベラルで政権が変わるごとに起用される研究員の出身シンクタンクが入れ替わるように、政治との結びつきが強いのです。

アメリカの学術研究、カルチャー

Point 3

全世界で売れるヒット作を何本も生み出すハリウッド映画の実力

黎明期から、映画産業を支配

メジャーズ

現在のメジャーズは、ユニバーサル、パラマウント、ワーナー、ディズニー、ソニーの5つ。現在は配給がメインであり、製作の領域では、撮影などではなく資金調達やマーケティングを行っている。

製作 → 配給 → 興行

以前は製作+配給、現在は主に配給がメイン

アメリカ映画の興行収入の約80％以上といわれる

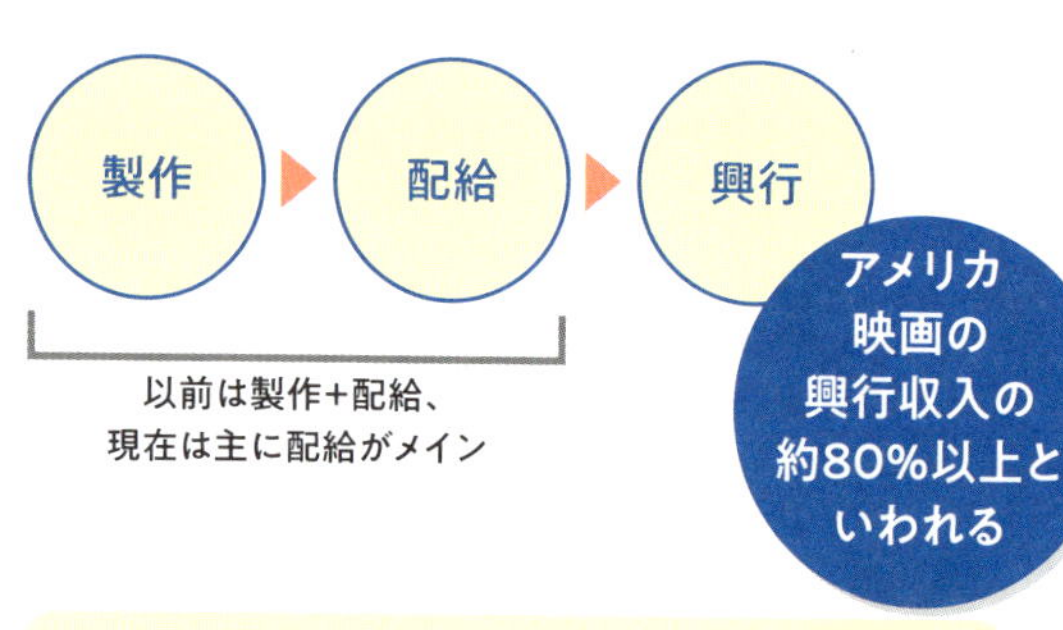

ハリウッド映画が世界で愛される理由

- 世界での展開を意識し、わかりやすさを重視
- 著名な出演者や監督で注目を集めて失敗を防ぐ
- ビジネスモデルや金融システムなど、最先端の理論で展開

みんなが楽しめる、わかりやすくて面白い映画

世界中で楽しまれているハリウッド映画は、カリフォルニア州ロサンゼルスのハリウッドの付近で製作された映画を指します。

現在、ハリウッドには、**メジャーズと呼ばれる5つの映画製作・配給会社**があり、分業化した体制で多数の映

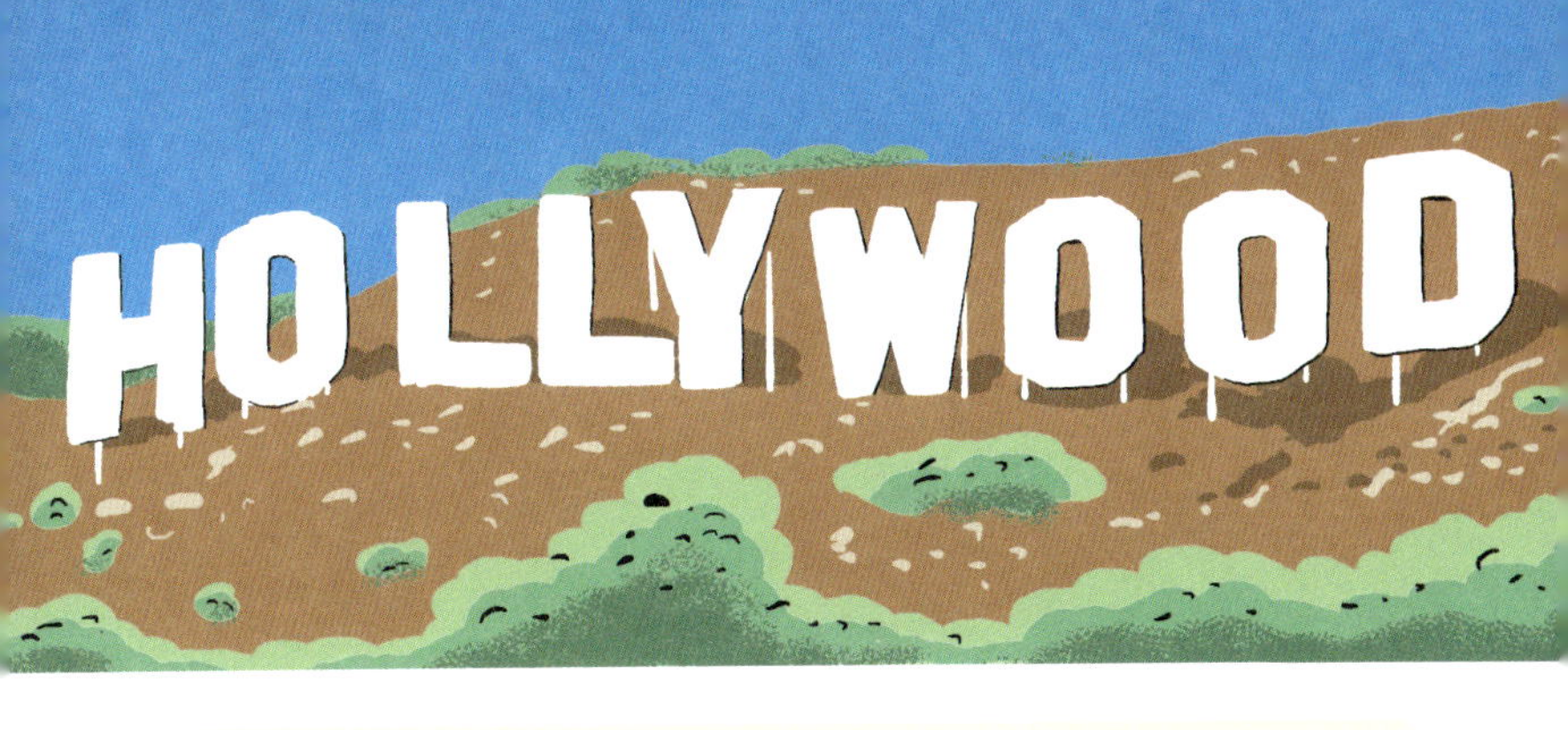

そもそも、ハリウッドが“映画の街”になったのは、エジソンの影響!?

1800年代後半、映画産業の中心地はニューヨークでした。当時、エジソンは映写機やカメラの特許を持っており、特許料を支払わないと機材が使えない状況でした。たまらなくなった映画人たちが、影響力の届きにくい、温暖で雨の少ないハリウッドで映画を撮影するようになったのです。

画を製作し、世界各国に配給しています。

ハリウッド映画は文化的なちがいがあっても伝わるように**わかりやすさを重視**したり、**有名な出演者や監督によって注目度を高めて**失敗のリスクを抑えたり、最先端の**マーケティング理論に基づいて宣伝**を行ったりすることで、世界中で成功しているのです。

ちなみに、ハリウッドが〝映画の街〟の代名詞である理由として、発明王として名の知られたエジソンが関わっています。

アメリカの学術研究、カルチャー

Point 4

小さな国の予算並みの規模をほこるアメリカの4大スポーツ

全スポーツチームの資産価値TOP3に名を連ねる

規模、人気ともNo.1

NFL（アメリカンフットボール）

レギュラーシーズンの平均観客数は7万人といわれ、スーパーボウルはアメリカ最大のスポーツイベント。

世界のスポーツチームの資産価値2023

1位	ダラス・カウボーイズ	約90億ドル
2位	ニューイングランド・ペイトリオッツ	約70億ドル
3位	ロサンゼルス・ラムズ	約69億ドル

出典：Forbes NFL Team Valuation

NBAの売上はBリーグの約38倍！

世界でダントツ1位のバスケリーグ

NBA（バスケットボール）

競技レベルや人気は圧倒的な世界一。アメリカ国内での人気も高く、4大スポーツではNFLに続く2位。

シーズン売上

NBA（2023）	約106億ドル
Bリーグ（2022）	約2.8億ドル

出典：Forbes NBA Valuation

世界最大規模のスポーツリーグとは

アメリカでは**アメリカンフットボール**、**バスケットボール**、**野球**、**アイスホッケー**が4大スポーツと呼ばれ、それぞれNFL、NBA、MLB、NHLという人気、規模ともに大きなプロリーグがあります。

特にNFLは日本ではなじ

NFLやNBAの人気に押され気味

MLB
(野球)

日本ではなじみのあるメジャーリーグは、野球のリーグとしては世界最大。国内では、NFLとNBAに続く3位。

2024年のリーグの平均年俸

MLB	約498万ドル
NPB	約31.9万ドル

出典：Major League Baseball Players Association、Japan Professional Baseball Players Association

日米のプロ野球
平均年棒は
約16倍も異なる

北米では大きく盛り上がる

NHL
(アイスホッケー)

カナダからもチームが参加しており、カナダ人選手も多数。近年は、ほかの3つに比べると、人気は低め。

2024年の最高年俸

NHL	約1,325万ドル
参考 NPB	約443万ドル

出典：Front Office Sports.com

トップ選手は
20億円近い
年棒

みが薄いですが、アメリカではもっとも人気のある国民的スポーツで、優勝チームを決めるスーパーボウルは、毎年のように年間の最高視聴率を記録しています。その**規模はスポーツリーグとしては世界最大**であり、総収入はサッカーでもっとも大きなプレミアリーグの3倍以上にもなります。ちなみに、モンゴルの2024年の歳入額は約74・4億ドルです。

近年は世界的に有名な選手の移籍も多いMLSというサッカーリーグも人気を高めています。

【アメリカのビジネス】

世界各国のGDPランキング（2023年）

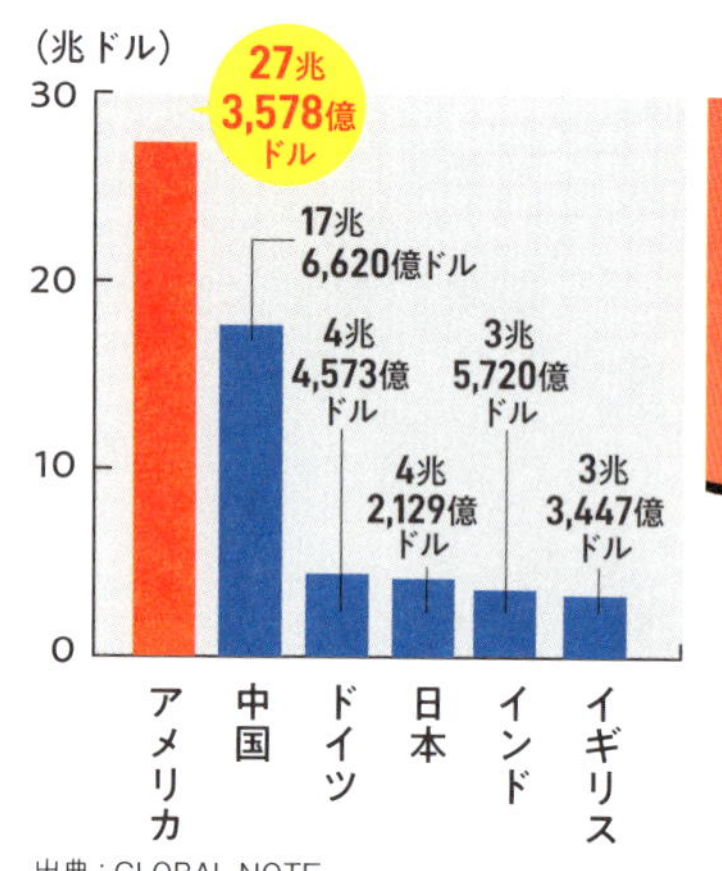

出典：GLOBAL NOTE

各国のGDPの大きさのイメージ

GDPはアメリカと中国の2強!

企業の時価総額ランキングTOP10

上位10社のうちアメリカの企業は9社

順位	会社名	時価総額	順位	会社名	時価総額
1	アップル	約2兆9,900億ドル	6	エヌビディア	約1兆2,200億ドル
2	マイクロソフト	約2兆7,900億ドル	7	メタ・プラットフォームズ（フェイスブック）	約9,100億ドル
3	サウジアラムコ	約2兆1,300億ドル	8	テスラ	約7,900億ドル
4	アルファベット（グーグル）	約1兆7,600億ドル	9	バークシャー・ハサウェイ	約7,800億ドル
5	アマゾン	約1兆5,700億ドル	10	イーライリリー・アンド・カンパニー	約5,500億ドル

参考
39位
トヨタ自動車
約2,500億ドル

※ 2023年12月末時点

世界一成功しているアメリカのビジネス

アメリカは、世界トップの経済大国であり、GDPは長らく世界一、現在でも高い成長率をほこります。企業の時価総額ランキングも、バブル期には日本企業が上位の多くを占めていましたが、**2023年末には上位10社中9社がアメリカの企業**です。

実際、世界的に知名度の高い企業が多く、**アメリカの企業がグローバルスタンダードをつくり上げている**状態なのです。

身の回りの
さまざまな業界に

有名なアメリカの企業が！

多くの業界で、多くの人に名の知れたアメリカの企業があります。

飲食
コカ・コーラ
ペプシ
マクドナルド
スターバックス

小売
アマゾン
コストコ

スポーツグッズ
ナイキ
ニューバランス
アンダーアーマー
ザ・ノース・フェイス

高級アパレル
シャネル
ティファニー
シュプリーム

エンタメ
ウォルト・ディズニー
ネットフリックス

日常用品
スリーエム
P&G
ジョンソン&ジョンソン

金融
ゴールドマンサックス
アメリカン・エキスプレス
JPモルガン

自動車
ゼネラルモーターズ
フォード
テスラ

IT
マイクロソフト
アップル
グーグル
インスタグラム

誰もが知る
世界的企業が
ズラリ！

アメリカのビジネス

Point 1

国土の位置、気候、宗教などで有利な面があり、世界一に

多くの点でビジネスにマッチする

アメリカが経済的に発展できたのには、さまざまな背景が考えられます。

例えば、気候や国土の位置。農業が主な産業だった時代、作物が育ちやすい**温暖湿潤**な土地が多く経済が発展。周囲に対抗できる強国はなく、ヨーロッパとも距

世界的にみて、恵まれた気候や地理を備えている

背景 人材

世界トップの教育機関に、優秀な人が集まる

アイビーリーグなど世界トップクラスの大学には世界中から優秀な人材が集まります。

ニューヨーク～ロンドン
約5,000km

プロテスタント
勤勉に労働し、貯蓄するのはいいこと

カトリック
労働は罰であり、辛いこと。蓄財もよくない

背景 キリスト教の教え

「労働」「独立」を良いこととする意識

労働や蓄財を認めるプロテスタントの教えにより、勤勉に働く意識が広まったといわれています。

背景 **周囲の国々**

対抗できる国が存在しない

北米や南米に争える国はなく、強国の多いヨーロッパとは離れており、大きな争いをせずにすみました。

アジア

ロサンゼルス～東京
約8,000km

南アメリカ

背景 **気候**

温暖湿潤な気候で、作物が育ちやすい

農業に向いた温暖湿潤な気候で広大な土地もあり、農業が発展していきました。

背景 **人口**

多くの移民の流入があり、人口が増加

移民によって人口が増加しており、日本のように市場の縮小や労働者不足になりにくくなっています。

離があったため、戦争に巻き込まれずにすみ、**自国内で経済力を高める**ことができたといえます。

労働や独立をポジティブに捉える**プロテスタントの教え**も、資本主義との親和性がありました。さらに、人材の面でも、現在も世界中から移民を受け入れて人口が増加しているので**豊富な人材・労働力**に恵まれています。さらにハーバード大学のように世界中から**優れた人材が集まる**機関があることも、発展を続ける理由の1つでしょう。

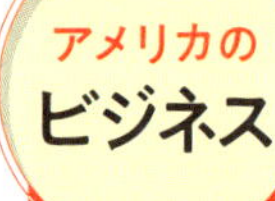

Point 2

プラットフォームビジネスを展開し圧倒的な影響力を持つビッグ・テック

供給者

商品を取引できる場を提供!

Facebook（META）

Apple

Microsoft

顧客の行動を示すさまざまなデータが蓄積

顧客

顧客

支配的な影響力を持つビッグ・テック

グーグル、アマゾン、フェイスブック（メタ）、アップル、マイクロソフトというアメリカのIT企業は、ビッグ・テックなどと呼ばれ、**時価総額が合計で約10兆ドルと、世界で圧倒的な影響力**をもっています。ビッグ・テックが展開しているのが、インターネッ

広告主

供給者

集めた
データを
販売

［ プラットフォーム ］

日本ではGAFAMなどと呼ばれこともある巨大IT企業はプラットフォームを提供しています。ビジネスのルールをつくる側であるため、優位な立場でビジネスを展開できます。

Google
(Alphabet)

Amazon

顧客

顧客

ト上で商品を提供する側と、利用する側の間に基盤を提供するプラットフォームビジネスです。

アメリカのビッグ・テックが展開するプラットフォームは、多くの人にとって**生活に欠かせないインフラのような存在**になっているため、世界中で利用者が増えています。

また、プラットフォームには多くの利用者がいるため、マーケティングデータを集めることができ、さらにそれをビジネスに活用することもできるなど、多くのメリットがあるのです。

DISPARITY

格差

114ページ

富者はさらに富み、貧者はさらに貧しく…

アメリカにいる世界トップクラスの
富豪は毎年資産を増す一方、
貧しい人も増加し、
格差が拡大しています。

INTERNATIONAL RELATIONS

国際関係

120ページ

一極集中から分散した世界へ

少し前までは国際社会のなかで
圧倒的な優位性をほこっていましたが、
さまざまな理由から、近年では
影響力が低下しています。

DIVISION

分断

128ページ

世界を揺るがす現在の最大のリスクの1つ

共和党と民主党、白人と非白人……。
アメリカでは内戦の可能性が
噂されるほどの分断が
進行しています。

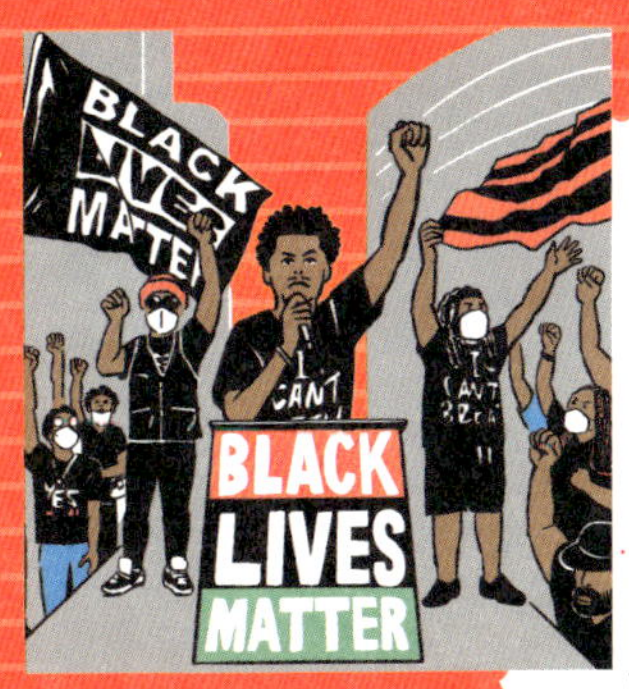

RACISM

人種差別

100ページ

歴史とも深く関わり、現代でも続く問題

黒人奴隷の労働力が前提として建国され、その後も現地の民族を迫害して開拓をした国には、現代にも残る根深い人種問題があります。

PART 3

アメリカのかげり

霸権国であるアメリカが抱える闇の部分に触れてみましょう。

THE UNITED STATES OF AMERICA

GUN

銃

108ページ

民間人の銃所有を簡単に廃止できない理由

毎年のように銃乱射事件が起こるなど、日本人にとってはデメリットを感じる民間人の銃所有。しかし、廃止は難しい現実があります。

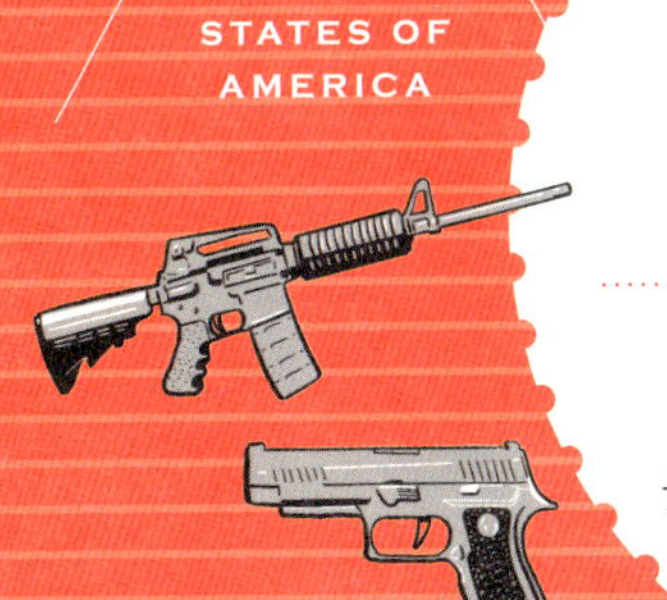

【アメリカの 人種差別】

[アメリカにおける人種差別]

国家の成立と関わる黒人奴隷

アメリカの歴史（P18）でみたように、アメリカは、**ヨーロッパ系の白人移民が「アフリカから連れて来られた黒人奴隷を労働力として使う」**ことを前提として成立した国であり、一部には根強い差別意識がありました。

そのため、建国後、長きにわたり黒人差別が続き、平等のための戦いを経て、法律上は差別がなくなりました。しかし、**現状でも、差別は残っています。**

建国の成り立ちに深く関わる黒人奴隷

年	黒人奴隷
1800	約89万人
1810	約119万人
1820	約154万人
1830	約199万人
1840	約248万人
1850	約320万人
1860	約393万人

出典：U. S. Department of Commerce Bureau of The Census, Historical Statistics of the United States 1789-1945

当時、“黒人奴隷がなくてはならない国家”として独立

アメリカの成立に深く関わっている黒人奴隷。独立後もアメリカにいる人口の５人に１人が黒人奴隷ともいわれており、大きな労働力だったのです。

アメリカの人種差別

Point 1

黒人差別の歴史①
奴隷解放宣言後も続く黒人差別

南北戦争後～

解放された黒人を強制労働させる黒人取締法が制定

貧しい黒人たちは、土地所有や移動などが制限され、農園での労働を余儀なくされました。

·COLORED·

黒人取締法（ブラック・コード）の例

- 人頭税納入や読み書きテストの実施による、選挙権の実質的剥奪
- 土地所有の制限
- 武器の所持や夜間外出の禁止 など

いつまでも終わらない黒人への差別

1863年に奴隷解放宣言が出され、南北戦争が終結したあとも、黒人への差別は続きました。**南部州では「ブラック・コード」と呼ばれる黒人取締法**ができ、黒人は移動の制限と強制的な労働を課され、戦争前とあまり変わらない状態だった

1870年代後半～

ジム・クロウ法で、黒人の権利は大きく制限

ジム・クロウ法は、黒人の血が少しでもある人に対し、公共施設や交通機関での隔離などを定めた州法の総称。

憲法修正14条と15条で、差別は一時的に改善！

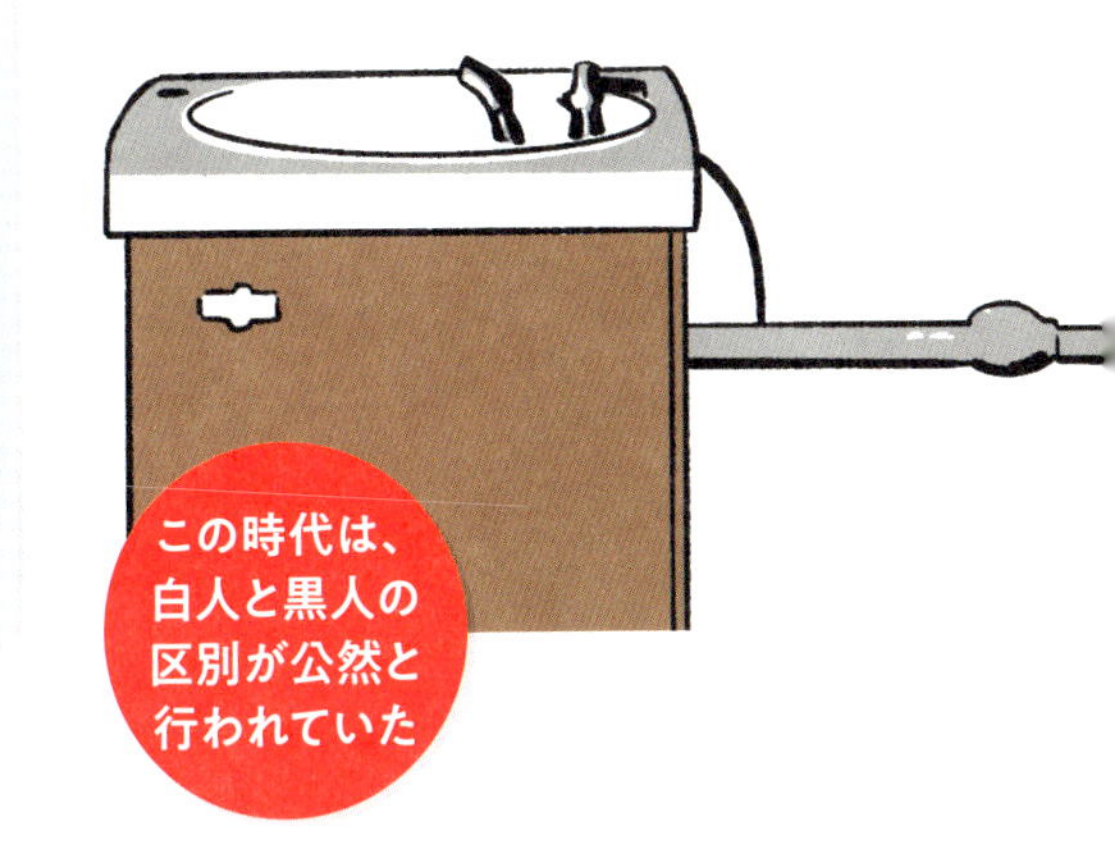

この時代は、白人と黒人の区別が公然と行われていた

ジム・クロウ法の例

- バスの座席や飲食店、トイレ、学校などで白人用と非白人用で区別
- 黒人と白人の結婚や同居の禁止
- 学校も黒人と白人で区別　など

のです。

その後、1865～70年には憲法修正によって奴隷禁止、市民権の保障、参政権の付与が行われ、黒人の権利が拡大します。

しかし、差別撤回の反対勢力が力を取り戻すと、南部州では、病院やバス、レストランなどの**一般公共施設を黒人が利用することを制限**したり、**白人と黒人の結婚や交際を制限したりするジム・クロウ法**が成立。裁判（※）でも隔離しても平等なら差別ではないという判決が出され、合法化されたのです。

※ プレッシャー対ファーガソン裁判（P157）

アメリカの人種差別

Point 2

黒人差別の歴史②
長い戦いを経て、法律上は差別撤廃

ようやく、法律上は差別が禁止に

第二次世界大戦後の1950年代から、次々と黒人の公民権運動が起こりました。

1954年には連邦裁判所で**公教育において白人と黒人で施設を分離するのは違憲**という判決がくだされます。また、1955年、公共交通機関での白人と黒

1950年代~

黒人自身が立ち上がり、公民権運動を展開

黒人は公民権の適用や人種差別解消を求めて社会運動を展開。有名なキング牧師も抗議を行った。

公民権運動の例

- バスの座席での白人と黒人の区別へ抗議
- 公教育での白人用、黒人用施設の分離に抗議
- ワシントン大行進　など

1964年~

公民権法の制定で、法のうえでの人種差別が撤廃

ケネディ大統領が取り組み、ジョンソン大統領の時代に達成。黒人差別や分離教育などを禁止する公民権法が成立。

公民権法

- すべてのアメリカ国民の投票権を保証
- 人種や肌の色、宗教を理由に公共の場所で隔離を禁止
- 人種的に統合された学校を実現する　など

人の分離に対する抗議からバスの乗車ボイコットが広まり、**連邦裁判所はバスの人種隔離は違憲**であると判断。

そして、1963年にはキング牧師がリーダーとなり、黒人差別撤廃を求め、25万人がワシントンを行進するデモが起きるなど、大きな盛り上がりを見せます。

こうした運動の結果、1964年に**差別を禁止する公民権法が成立し、法律のうえでは差別はなくなりました**。しかし、現実には、現在も陰湿な黒人差別は存在しているといわれています。

アメリカの
人種差別
Point
3

近年も多発の人種差別が背景の事件 現在では世界的な運動に発展

2012年
トレイボン・マーティン事件
フロリダ州で、当時17歳で丸腰の黒人高校生トレイボン・マーティンを、ヒスパニック系の男性が射殺した事件。撃った男性は正当防衛として無罪。

2014年
マイケル・ブラウン事件
ミズーリ州で、当時18歳の黒人青年マイケル・ブラウンが警察官によって射殺された事件。警察官は正当防衛と結論づけられ、不起訴だった。

2014年
エリック・ガーナー事件
ニューヨーク市で、警察官が黒人男性エリック・ガーナーを逮捕する際に死亡させた事件。警察官は解雇され、民事訴訟の賠償金590万ドルで遺族と市は示談が成立。

2020年
ジョージ・フロイド事件
ミネソタ州で、黒人男性ジョージ・フロイドが警察官に拘束され、殺害された事件。関与した警察官は解雇され、拘束した警察官は起訴され、有罪。

現代の黒人差別と抗議する社会運動

法律上、アメリカでは黒人への差別はなくなりましたが、現実には根強い差別が続いており、2010年以降にも黒人が犠牲になる悲しい事件がたびたび発生しています。この状況に抗議し、**黒人への暴力や差別の撤廃を目指す「ブラック・ライ**

現在でも形を変え、さまざまな差別が

現在の黒人差別は、例えば選挙。多くの黒人は投票日に休みにくい仕事をしており、期日前投票を利用します。しかし、その期間を短縮し、黒人が投票しにくくする州があるのです。

期日前投票の短縮
▼
投票日に行けない人を妨害!

投票箱を減少させる
▼
自動車を所有していない人を妨害!

厳格な身分証明提示を義務化
▼
運転免許やパスポートを持たない人を妨害!

ブラック・ライブズ・マター

Black Lives Matter (BLM)

黒人の命の重要性を認めよう

抗議するデモが全米に広がり、大統領選の争点にも

俳優やスポーツ選手など、世界的な著名人もBLM運動を支持

ヨーロッパや中東、アジアも巻き込む世界的な運動に

ブズ・マター（BLM）」という社会運動が国際的に広まっています。

「ブラック・ライブズ・マター」のきっかけは、2012年のトレインボン・マーティン事件といわれています。その後、2014年のマイケル・ブラウン事件やエリック・ガーナー事件、2020年のジョージ・フロイド事件などの影響で、SNSを通じて世界的なムーブメントとなりました。

アメリカ国内でも、**2020年の大統領選の争点**になるほど、大きな議論を巻き起こしたのです。

アメリカの 銃

アメリカ合衆国憲法修正第2条

「規律ある民兵団は、自由な国家の安全にとって必要であるから、国民が武器を保有し携行する権利は、侵してはならない。」

- 武装した市民（民兵）が戦って独立したため、武装権が認められている
- 中央政府などの大きな権力は脅威になるという意識があり、抵抗する必要がある

市民が銃を取って戦った歴史

アメリカで度々問題になる銃問題。日本人はなぜ禁止しないのかと思うでしょう。いくつかの理由がありますが、1つは建国から続くアメリカの理念があります。

「アメリカの歴史（P18）」で見たように、アメリカは市民が銃を取り、イギリスから独立した国です。そのため、**武器所有は憲法で認められており、また、建国の物語を否定することになるため、禁止が難しい**のです。

州によって大きく異なる銃の規制

銃の取り扱いについては州ごとに異なり、非常に細かな決まりがあります。また規制は毎年のように改正されています。

例

長銃と拳銃

長銃はライフルなどの大型。一般的に狩猟などが目的の長銃は、護身目的の拳銃より規制がゆるい。

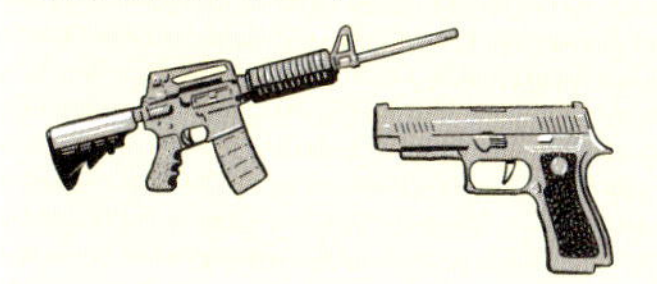

州の許可

購入する際の州の許可・免許が必要ない州、犯罪歴などのチェックをするだけの州などさまざま。

携行

ケースで所持する場合、弾丸の装填の状態、自動車、歩行中などによって、州ごとに非常に細かく規定されている。

アメリカの銃

Point 1

毎年のように起こる銃乱射事件でも、自衛のために規制が進まない

10人以上犠牲者の出る銃乱射事件は毎年発生!

自分の身は自分で守るそのために銃が必要

アメリカでは、スポーツ用品店などで安いものなら2〜3万円で買えるほど身近な銃。約3億3000万人の人口を上回る、約4億丁の銃が社会に出回っているといわれています。銃で亡くなる人も多く、日本では年間5人以下ですが、アメリカで

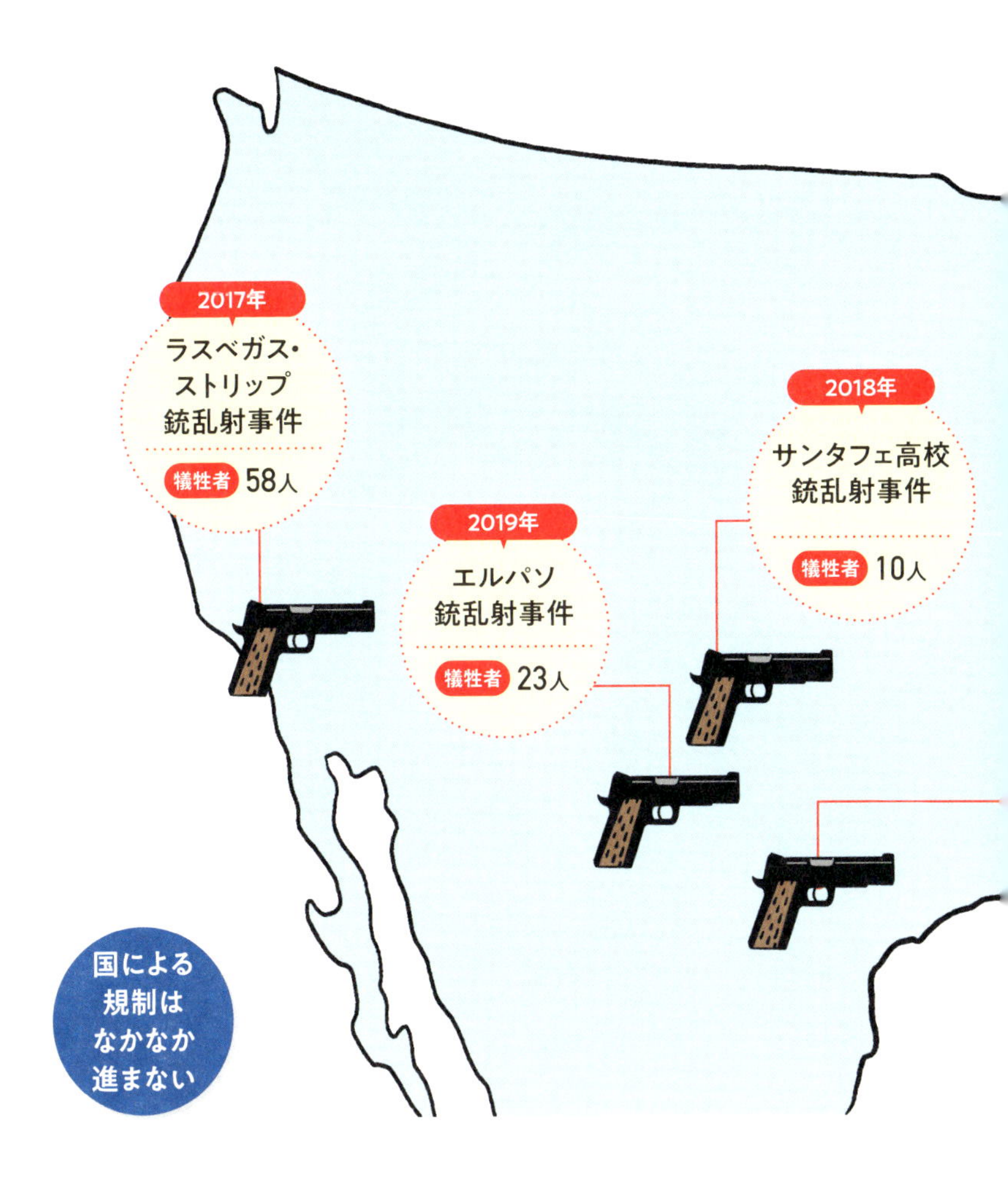

は年間4万人以上、また10人以上が犠牲になる銃乱射事件も毎年のように発生しています。

銃に関する数字からも問題は見て取れますが、**銃規制が進まないのには広大な国土も関係**しています。例えば、人口の少ない農村部で犯罪に遭った場合、警察到着には時間がかかるでしょう。アメリカでは犯罪者が銃を持っている可能性も高く、**自衛に銃は欠かせないため、特に農村部の多い**中西部や南部などでは**銃規制に反対の人が多い**のです。

全米ライフル協会 銃規制に反対する活動を行う

大きな影響力を持つ資金力と組織力

銃規制の話題になると登場する「全米ライフル協会（NRA）」。1871年に設立され、当初は練習場の開発や射撃訓練などを行っていました。

しかし、銃規制の世論が高まると、〝人を殺すのは銃ではなく人〟というスロー

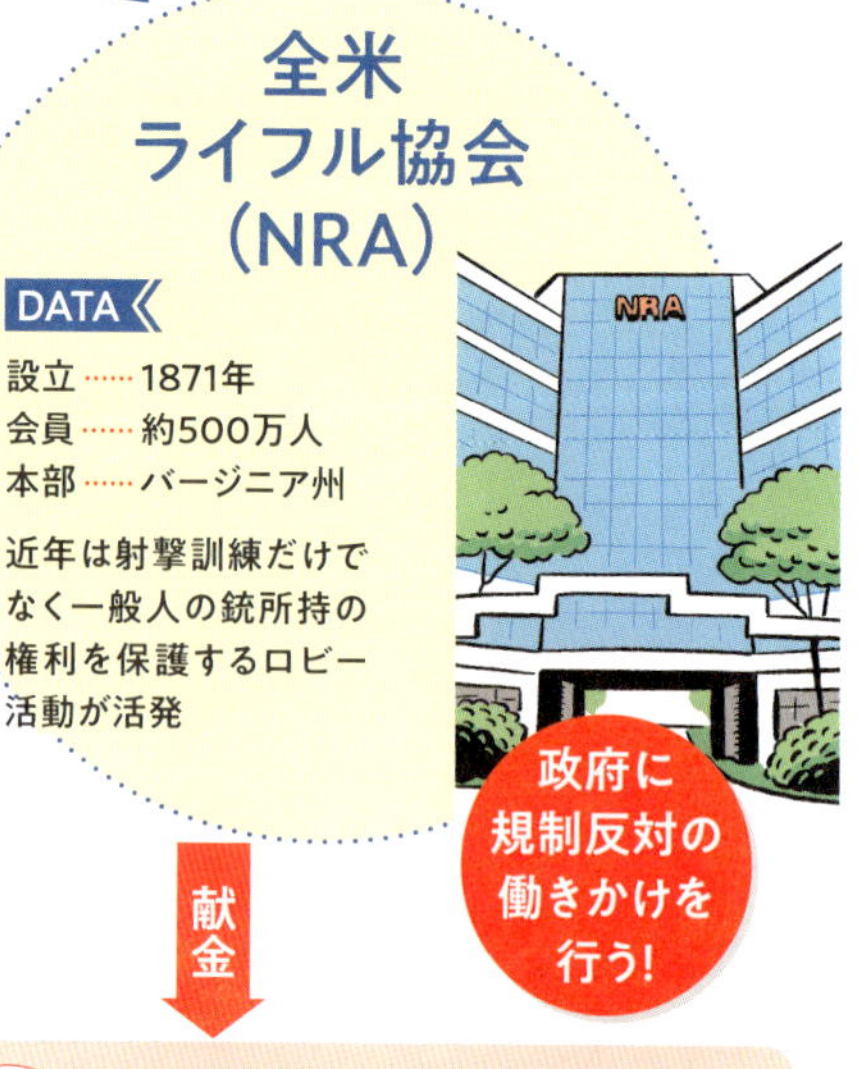

KEYWORD

共和党

南部や中西部では銃規制に反対の人が多く、南部や中西部は共和党の地盤でもあるため、NRA の会員の共和党議員も多い。歴代の大統領で終身会員になっていた者も少なくない。

元全米ライフル協会 会長
キャロライン・D・メドウズ

会社更生手続き

銃規制の緩い場所で再出発したい!

資金の着服を理由に、解散を求めて訴えられたNRA。解散を防ぐため、会社更生手続きの適用を申請し、銃規制のゆるいテキサスでの再出発を目論んだが、テキサス州は却下。先行きは不透明。

テロ組織

2019 年、サンフランシスコの市議会では、NRA を国内テロ組織に認定。「自動小銃や弾倉が簡単に手に入るのはアメリカだけで、それは全米ライフル協会の影響だ」と批判した。

ガンのもと、**市民が銃を持つ権利の保護を目的とする団体**へと変化。銃器メーカーから寄付を受け、500万人もの会員を集めるなど大きく拡大しながら主に共和党との関係が深め、ことあるごとに銃の規制に反対しているのです。

これまで、全米ライフル協会は豊富な資金とマンパワーで大きな影響力を発揮してきましたが、近年は**破産法を申請**したり、銃規制に積極的なエリアで**テロ組織に認定**されたりするなど、岐路に立たされています。

【アメリカの 格差 】

格差

お金持ちの人

もっとも裕福な上位10%が所有

アメリカ全体の富の2/3

富豪はより富み、貧者はより貧しくなっていく！

格差を表す再分配ジニ係数

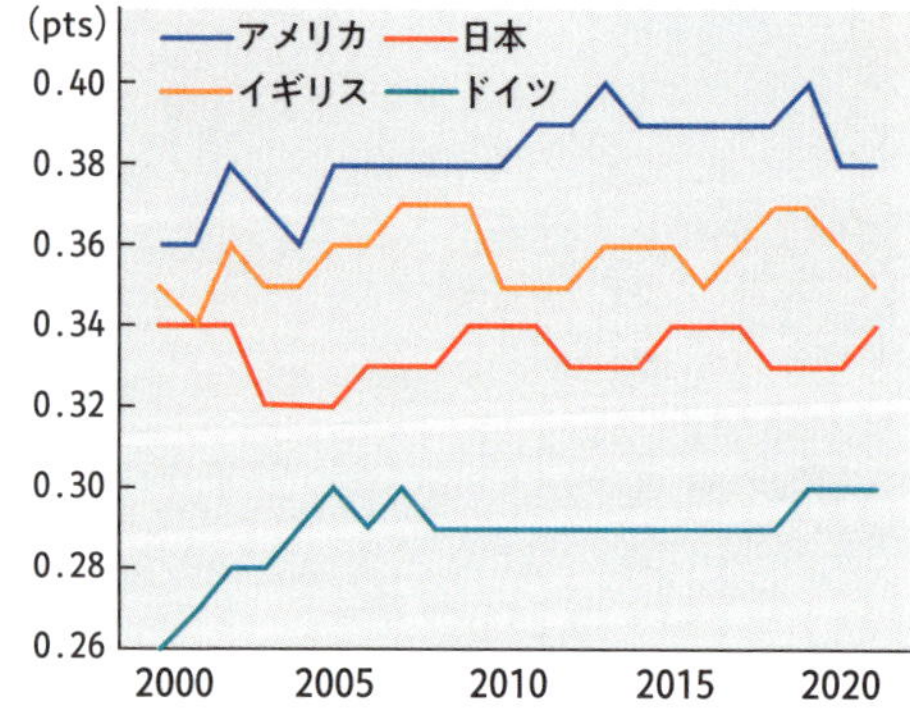

資料：GLOBAL NOTE

先進国でもっとも格差が大きいのがアメリカ

ジニ係数とは……

格差を表す指標で、0であれば格差がない状態、1であれば1人がすべての富を所有している状態を示す。再分配ジニ係数は政策を考慮したもの。

広がり続ける金持ちと貧者の格差

40年以上、経済的な格差が広がり続けるアメリカ。ある調査では、2024年のアメリカの全資産のなかで、富裕な上位10%の資産が約2/3、下位50%の資産が約1/40と、**一部の富裕層が富の大部分を所有している状態**です。**格差を表す指標も主要な先進国でトップ**であり、また、**経済大国でありながら貧困率も高く、**独裁国家など以外では格差の非常に大きな国なのです。

拡大する

貧しい人

人

資産

アメリカ全体の富の1/40

下位50%が所有

世界最大の経済大国だが高い貧困率（日本も）

世界の相対的貧困率（2021年）

順位	国名	貧困率	順位	国名	貧困率
1	南アフリカ	27.7%	7	エストニア	16.5%
2	ブラジル	21.5%	9	ルーマニア	16.2%
3	コスタリカ	20.3%	10	ラトビア	16.0%
4	チリ	18.6%	11	日本	15.4%
5	イスラエル	17.8%	12	アメリカ	15.2%
6	メキシコ	16.6%	13	韓国	14.8%
7	ブルガリア	16.5%	14	スペイン	14.4%

資料：GLOBAL NOTE

相対的貧困率とは……

ある地域の生活水準のなかで、収入や資産が少なく、生活が不安定である割合。日本では、例えば「暖房器具が買えない」なども当てはまる。

アメリカの格差

Point 1

日本とは大きく異なる。格差の広がるアメリカの医療保険問題

貧しい人をさらに追い詰める状態

1960年代のアメリカの公的医療保険は、主に低所得者や高齢者が対象で、加入できない人が多くいました。また、医療保険は企業ごとの契約が主流であり、個人事業者なども無保険者が多く、2010年頃は4000万人もの無保険者がい

1960年代に生まれた

公的医療保険制度

メディケア 65歳以上の高齢者と、障害者を対象とした、国が運営する制度。

メディケイド 低所得者を対象とした、国と州が共同で行っている医療扶助事業。

2010年頃アメリカでは約6人に1人、4000万人が無保険者

出典：KFF's Health Policy 101

アメリカの一般的な医療保険の仕組み

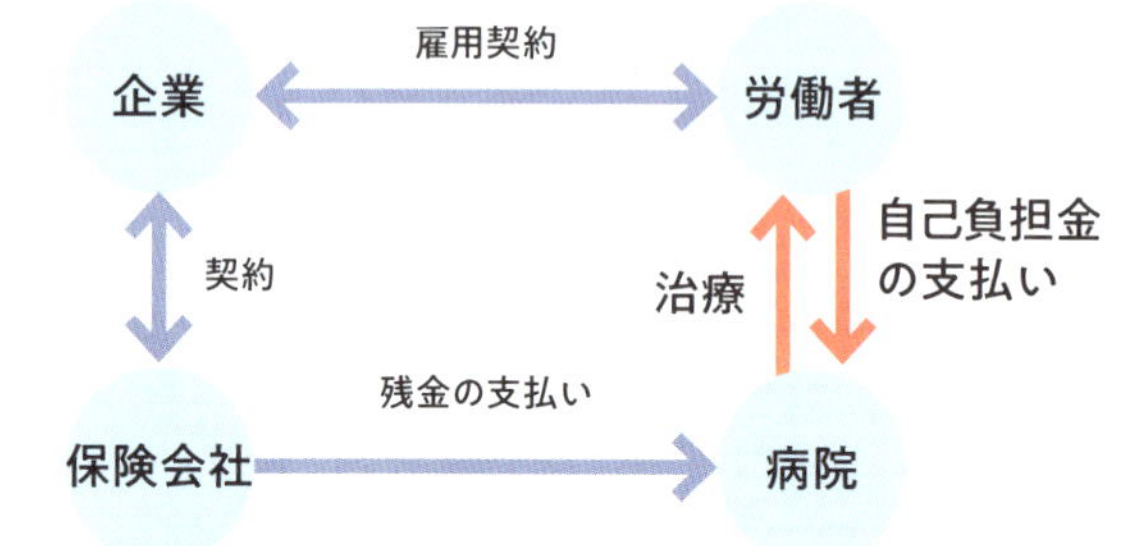

アメリカで保険に加入していない人の例

保険会社と契約していない企業の従業員	個人事業主	無職の人
中小の零細企業は、保険会社と契約を結んでいないことが多い	個人で店舗経営を行うなど、小さな事業を行っている事業者	解雇された時点で保険がなくなるため、次職が見つかるまでは無保険者

医療保険に入れない貧しい人は病院に行けず、医療費は自己破産の大きな理由!

オバマケア：中・低所得者層への補助拡大＋持病も持つ人でも保険加入が可能に

当時の共和党のトランプ大統領はオバマケアの見直しを検討

現在も共和党と民主党の争点

たのです。**裕福であれば進んだ医療が受けられ、貧しい人は無保険で高額な医療費を請求される**状態でした。

これを改善するために導入されたのがオバマケアです。これにより、2000万人が保険に加入できるようになったといわれています。

しかし、現在でも無保険者は多く、2022年には2500万人以上の人が医療保険に加入できていません。また、アメリカでは自己破産の6割が、高額な医療費の債務が原因という問題もあります。

アメリカの
格差
Point
2

教育の格差を埋める学生ローン大統領の発表を裁判所が違法と判断

富裕層
高額な学費を払い
質の高い教育を受ける
収入の多い
企業に入社し、
高収入に
学歴社会の
アメリカでは、
生家の経済格差
が収入に
直結
貧困層
費用がなく、
教育を受けられない
収入の少ない
場所でしか
働けず、貧困に

アメリカの教育格差と学生ローン

　アメリカは日本以上の学歴社会であり、受けた教育のレベルが収入と深く相関しており、高卒と大卒の生涯賃金の差は80万ドルといわれています。ハーバード大学の年間授業料は約850万円（P86）というように、裕福でないと上質な教育を受け

学生ローン返済免除政策

アメリカの学生

- 2024年第2四半期年時点でアメリカの**学生ローン利用者は約4,300万人**
- 2022年の卒業者の平均の借入残高は平均**約3万ドル**（約450万円）

出典：Lending Tree

多くの学生が学生ローンを利用している！

▼

年収12万5,000ドル未満→1万ドル
低所得世帯→2万ドル

返済を免除する計画を発表

▼

最高裁判所が
学生ローン返済免除政策は違法と判断

▼

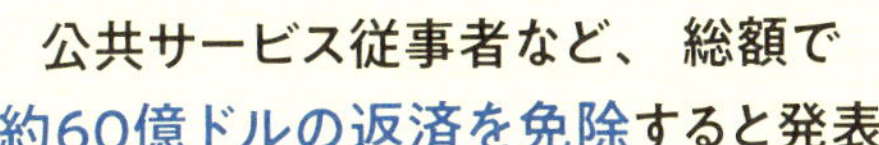

公共サービス従事者など、総額で
約60億ドルの返済を免除すると発表

られないため、**格差が固定されやすい状況**です。学生ローンはこの教育格差を埋めることができる存在であり、毎年3割以上の学生が学生ローンを借りています。

そして、卒業時点での**借入残高は平均約3万ドルもあり、この返済が若者に大きな負担**をかけているのです。そこで、バイデン元大統領はさまざまな返済免除政策を発表。しかし、共和党は反対し、最高裁判所も違憲と判断するなど、今だに問題となっています。

まずはざっくり OVERVIEW

INTERNATIONAL RELATIONS

【アメリカの国際関係】

~第一次世界大戦 ヨーロッパなどの外国とは距離を置く姿勢が基本

現在とは異なり、アメリカは孤立主義の国

第一次世界大戦~ 2度の世界大戦に巻き込まれるが、傷が浅く、 大きく発展

国際連合を主導するなど覇権国へ

かつてのパワーは少しずつ低下

少し前までアメリカは、多くの分野で圧倒的な世界一であり、国際社会でもほかの国の追随を許さない、圧倒的なプレゼンスをもつ唯一の超大国でした。

しかし、近年は、中国の飛躍的な成長や、強権主義的なロシアの振る舞い、アメリカと対立することもあるイスラム世界の中心であるイランなどの影響で、**少しずつ影響力が低下しつつある**とされています。

朝鮮戦争〜 圧倒的な経済力と軍事力で、紛争に介入する世界の警察に

朝鮮戦争やベトナム戦争などに介入

きみはこう、あなたはこっち……

〜現在 国際社会の混乱やプレゼンスの低下から、世界の警察をやめる

価値観押し付けないで
ロシア
日本
中国
放っておいて!
国益が第一か、協調か…悩むところ
アメリカ
アメリカ一極集中が終わり、世界の行き先は不安定……

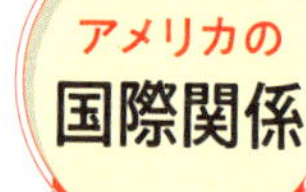

Point 1

アメリカと張り合える国に急成長した中国の覇権国をめぐる争い

アメリカは中国に“新冷戦”を宣言している

自由で開かれたインド太平洋構想

海の秩序を守り、インド太平洋の安定と繁栄を促進する構想。アメリカやインド、日本、オーストラリアなどが参加。

台湾は民主主義の一員です

関税上げます!

アメリカ

そっちの技術は使いません!

衝突

特定分野で激しく対立

先端技術、貿易

軍事に転用される可能性のある半導体・蓄電池・重要鉱物などの分野で、互いに関税や規制をかけている。

いまだに圧倒的な1位だが、プレゼンスは低下中

対立する民主主義と共産党の世界観

アメリカと争える国にまで成長を遂げた中国は、さまざまな領域でアメリカと対立しています。

例えば、東南アジアです。中国は、南シナ海などで人工島建設や領海侵入を行っていますが、アメリカはフィリピンなどと同盟を結んで

一帯一路

中国～東南アジア～ヨーロッパのエリアで中国の積極的な投資で陸海の貿易を促進し、経済圏を目指す構想。

衝突

武力の争いは起こるのか!?

台　湾

中国は武力統一も辞さないと宣言していますが、今のところ、政治的に取り込む戦略をとっているようです。

大国同士の局地戦

東南アジア

中国は東南アジアとの貿易で経済的な依存度を高め、影響力の拡大を図っており、アメリカが反発しています。

国内の国境問題をほぼ解決し、海外へ進出！

統一のジャマしないで

アメリカと中国の国力

	GDP	空母	駆逐艦	弾道ミサイル原子力潜水艦
アメリカ	約27兆ドル	11隻	75隻	14隻
中国	約18兆ドル	2隻	49隻	6隻

出典：令和５年防衛白書、Global Firepower.com

おり、協力国の権利を守ると約束しています。また、台湾をめぐって**中国は「必ず統一する」**と宣言する一方、**アメリカは下院議長が訪問し「民主主義を支援する」**と声明を発表しています。

さらに、先端技術においても、アメリカと中国は互いに関税や規制をかけ、独自のサプライチェーンを構築しています。これらの取り組みは、**アメリカは「自由で開かれたインド太平洋」、中国は「一帯一路」などの構想**で、周辺国と協力しています。

アメリカの国際関係 Point 2

強権主義の振る舞いをするロシア アメリカはウクライナを限定的に支援

自由主義国家の軍事同盟

NATO

アメリカを中心とする主に欧州諸国の軍事同盟。ロシアの侵攻を受け、フィンランドとスウェーデンが加入。

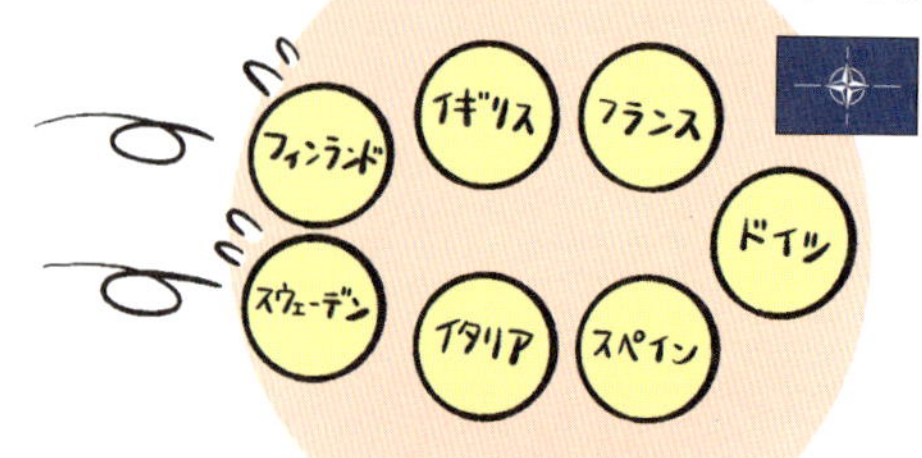

イギリス
フランス
フィンランド
ドイツ
スウェーデン
イタリア
スペイン

アメリカ
戦争したくない……ある程度の範囲で支援
過去にないほど大規模な異例の支援
核戦争の恐れ!? ロシアとは直接戦いたくない
直接脅かされない立場であるため軍派遣などはしない

暴れるロシアと微妙な立場のアメリカ

ウクライナに突如侵攻をしたロシアも、アメリカにとっては不安な存在です。

ロシアの振る舞いは、米軍を派兵しても不思議でない事態です。しかし、ウクライナはNATO加盟国ではなく、アメリカとの関係が薄いため、防衛する理由があり

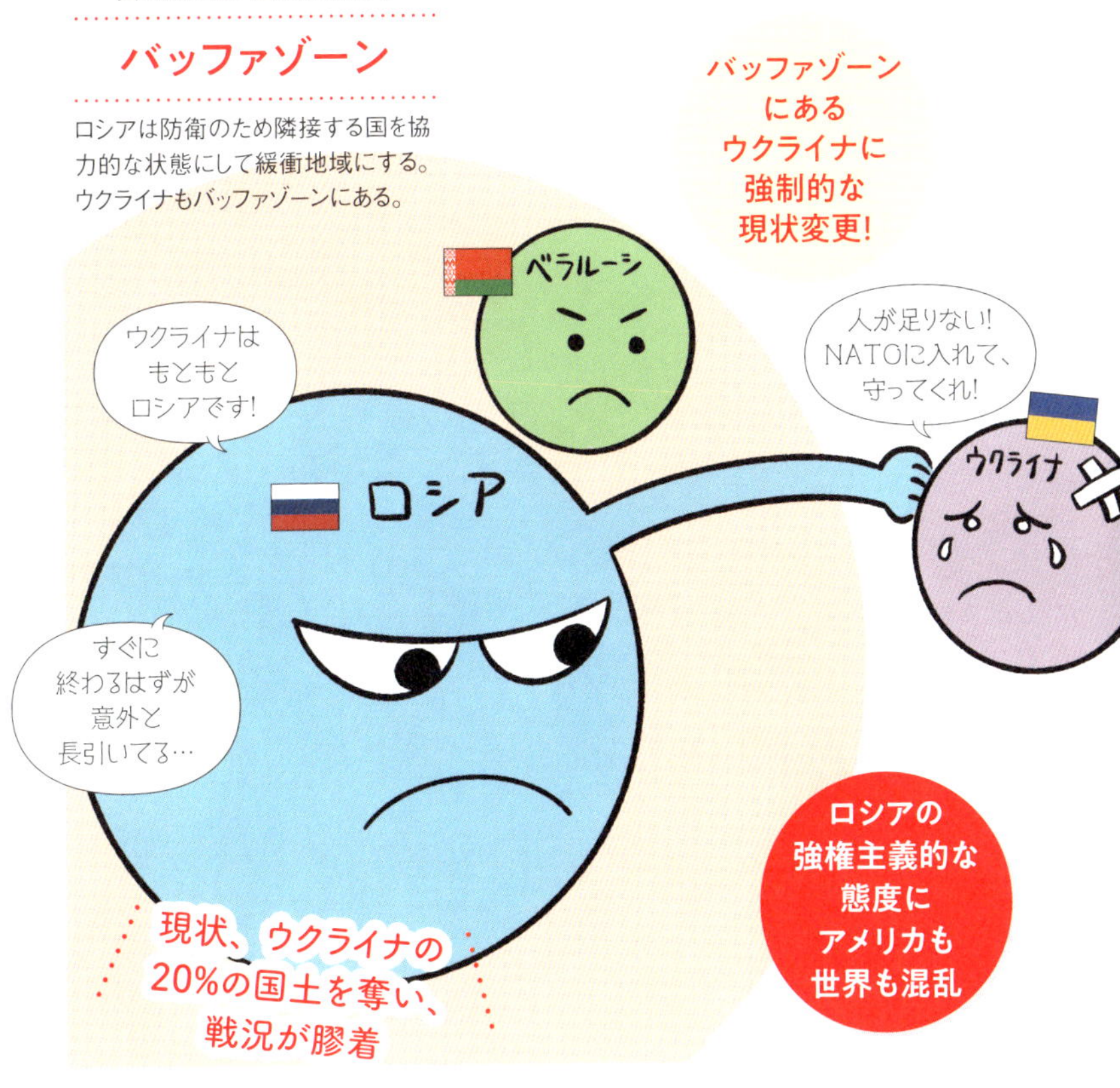

国境線の長い国の防衛戦略

バッファゾーン

ロシアは防衛のため隣接する国を協力的な状態にして緩衝地域にする。ウクライナもバッファゾーンにある。

ません。また、ロシアは核保有国であるため、直接的に対峙するのは避けたいと考えています。

とはいえ、国際秩序という点でロシアには問題があり、アメリカは微妙な立場に立たされています。

現在、アメリカはウクライナへ大量の武器を提供していますが、**ロシア領内での供与した武器を使った攻撃を禁止するなど限定的な支援**でした。しかし、2024年5月に欧州からの要請もあり、攻撃を一部解禁。状況はさらに混迷しています。

アメリカの
国際関係

Point 3

“抵抗の枢軸”を支援するイランとイスラエルを支援するアメリカ

ユダヤ人の国のイスラエルを支援しよう!
アメリカにもユダヤ人が多いから支援します
宗教右派
アメリカ
緊急予算案を可決し、イスラエルを支援
サウジアラビア
トルコ
一時は中東から撤退したがハマスにより再び関与

中東での対立の裏にいるアメリカとイラン

かつてないほど複雑な事態にある中東の情勢もアメリカにとっては不安要素の1つ。現在、中東ではパレスチナの一部を統治するハマスと、イスラエルが激しく対立。アメリカには、国内に多くのユダヤ人がおり、イスラエル・ロビーや、聖書に忠実なキリスト

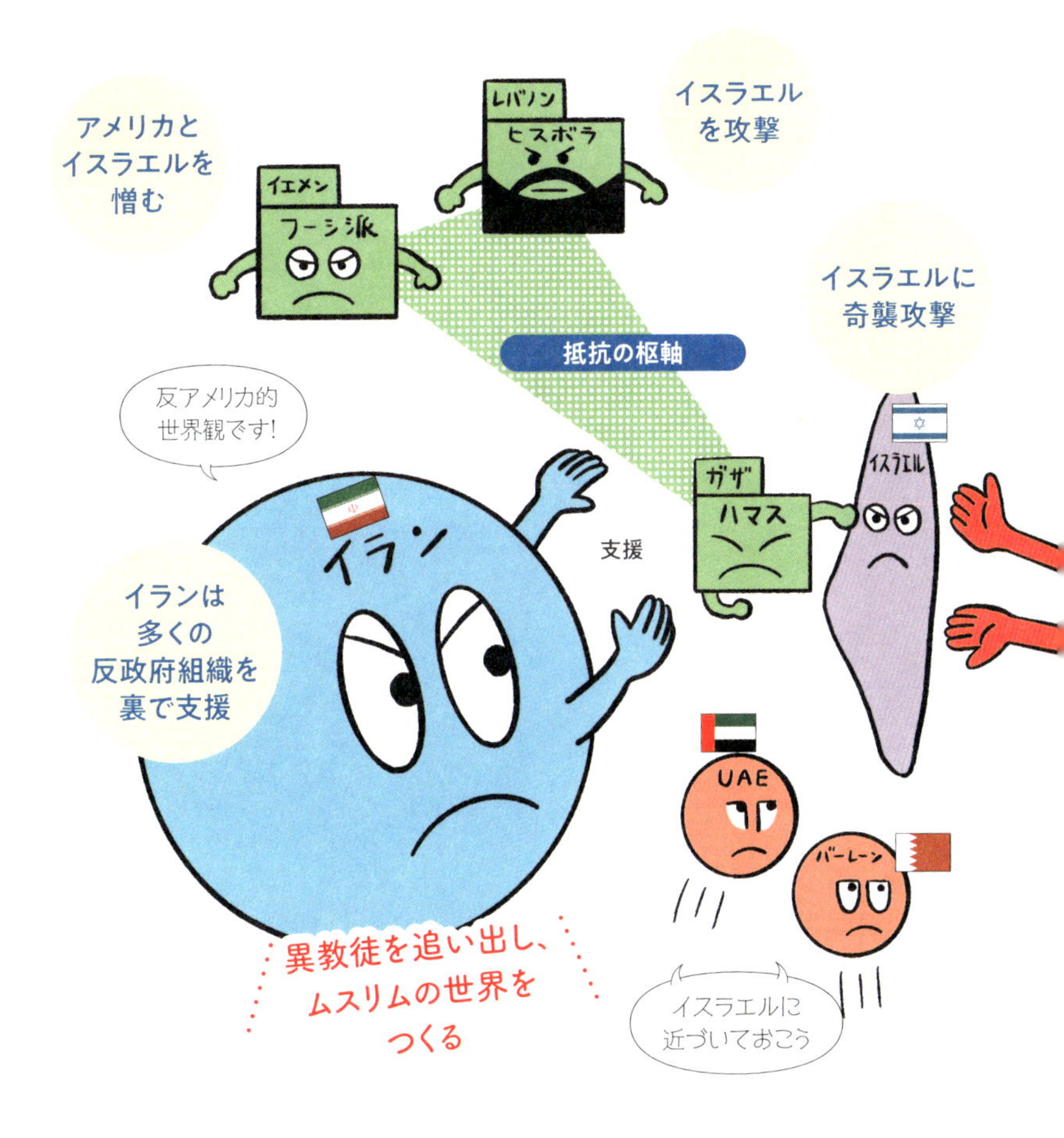

教宗教右派の影響もあり（P52）、**イスラエルを手厚く支援**しています。

アメリカが主導する国際秩序に抵抗するハマスや、レバノンのヒズボラ、イエメンのフーシ派など、**〝抵抗の枢軸〟などと呼ばれる組織を支援**しているのが、**中東の大国、イラン**です。

イランはアメリカが経済制裁を行うほど、激しく敵対しています。そして、2024年にイランは、報復としてイスラエルを直接攻撃をするなど、ハマスとイスラエルの戦争に直接介入しています。

アメリカの分断

2024年10大リスク

1 米国の敵は米国　最大のリスクは米国の分極化！

2 瀬戸際に立つ中東

3 ウクライナ割譲

4 AIのガバナンス欠如

5 ならず者国家の枢軸

6 回復しない中国

7 重要鉱物の争奪戦

8 インフレによる経済的逆風

9 エルニーニョ現象の再来

10 分断化が進むアメリカでビジネスを展開する企業のリスク

出典：ユーラシアグループ

極端な意見を持つ人が増え、分断は進行

2024年の大統領選の影響もあり、アメリカ国内では、共和党と民主党の対立を中心に、非白人と白人、富裕層と労働者層など、**さまざまな分断によって大きな危機を迎えています。**

古くから共和党と民主党の争いはありましたが、かつては中道派も多く、極端にどちらという人は少数でした。しかし、ここ40年ほどで**分極化が進み、対立が鮮明になった**のです。

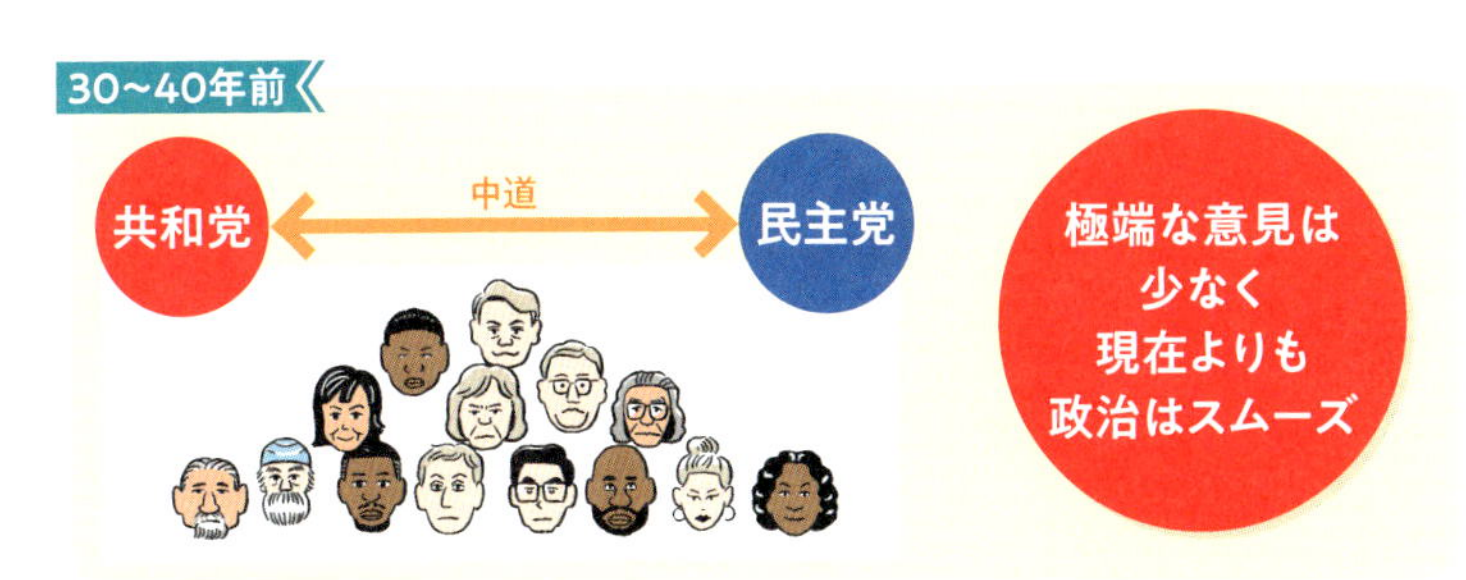

現在

共和党

中道

民主党

両極端な意見に分かれ、政治は停滞

さまざまな面で分断しているが、大きな問題は政党

現在、複数の要素が共和党と民主党の方針に紐づいているため、政党の対立が分断の中心にあります。

「2024年大統領選後のアメリカ」
特別PDF
詳しくはこちらから

※刊行後の大統領選挙を受けた特別レポートが読めます。

アメリカの分断

Point 1

多くの議論で主張が正反対！共和党と民主党の分断……

自由の共和党と平等の民主党

アメリカで大きな分断を生む共和党と民主党。P60などで支持層などを見てきましたが、ここでは基本的な主張や考え方のちがいをみてみます。

まず、共和党は、**政府の介入をネガティブにとらえ、小さな政府を志向**します。

建国からの伝統を重んじる

共和党

政府

やることは最低限、なるべく介入しない

自己責任で自由な市場を目指す小さな政府

宗教

福音派に大きな影響力が

キリスト教の福音派を信仰する人から支持を集める

反対！地方では銃は必要

政府の介入を嫌い、地盤的にも銃規制に反対

パレスチナ糾弾、イスラエル支援

福音派の影響もあり、イスラエルを積極的に支援

近年は社会情勢にあったリベラル

民主党

**貧しい人、
恵まれない人への支援を**

多様性を認め、
平等な社会を実現
する大きな政府

**特に大きな
勢力はなし**

政治とは
距離をおき、
まとまった傾向はなし

**無用な殺人を
助長するので賛成**

重要な社会問題
であるため、
規制を支持

**どっちもどっちだが
パレスチナやり過ぎ**

イスラエルは
“やり過ぎ”であり、
支援に消極的

**政治に宗教や
人種もからみ、
分断は加速!**

自己責任を大切にしており、福祉政策や銃の規制には反対の立場です。キリスト教右派の福音派が多く、現在の中東問題ではイスラエル支援を支持しています。

一方、**民主党は多様性や平等を重視するため、大きな政府を希望**し、福祉政策や銃規制に賛成。宗教と政治を離して考えるため、信仰上、特定の傾向はありません。中東問題では、イスラエルは過度な武力行使しているととらえ、支援に消極的です。

分断が進み、政治的な事件が頻発！アメリカのためなら暴力も許される!?

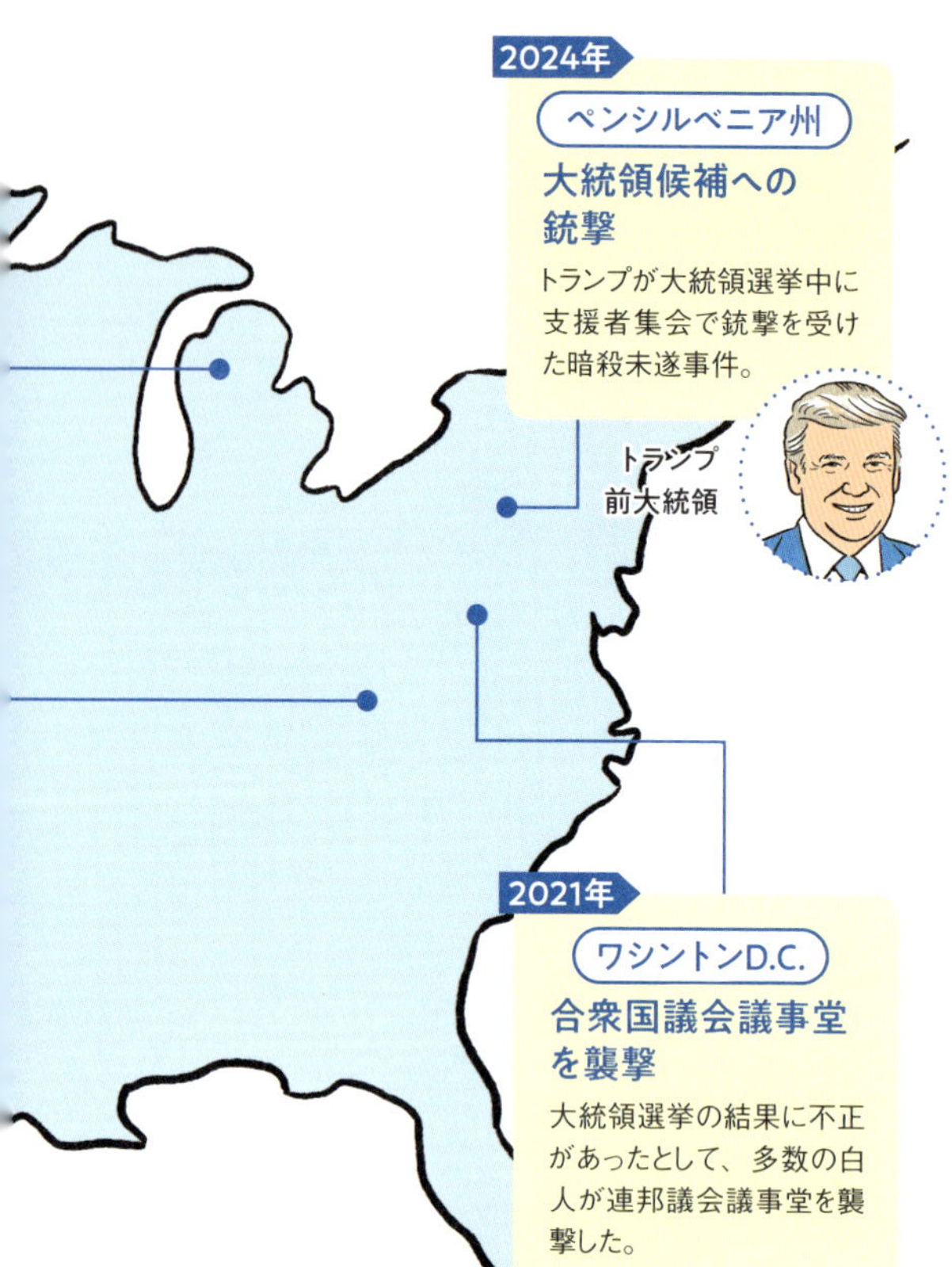

2024年
ペンシルベニア州
大統領候補への銃撃
トランプが大統領選挙中に支援者集会で銃撃を受けた暗殺未遂事件。
トランプ前大統領
2021年
ワシントンD.C.
合衆国議会議事堂を襲撃
大統領選挙の結果に不正があったとして、多数の白人が連邦議会議事堂を襲撃した。

政治家を狙う暴力事件が頻発

2021年、当時のトランプ大統領の支持者たちが、バイデンの当選は不正だとして連邦議会議事堂を襲撃する事件が発生。この事件は選挙の結果を暴力によって覆そうとする「民主主義への攻撃」として、世界中に大きな衝撃をあたえました。

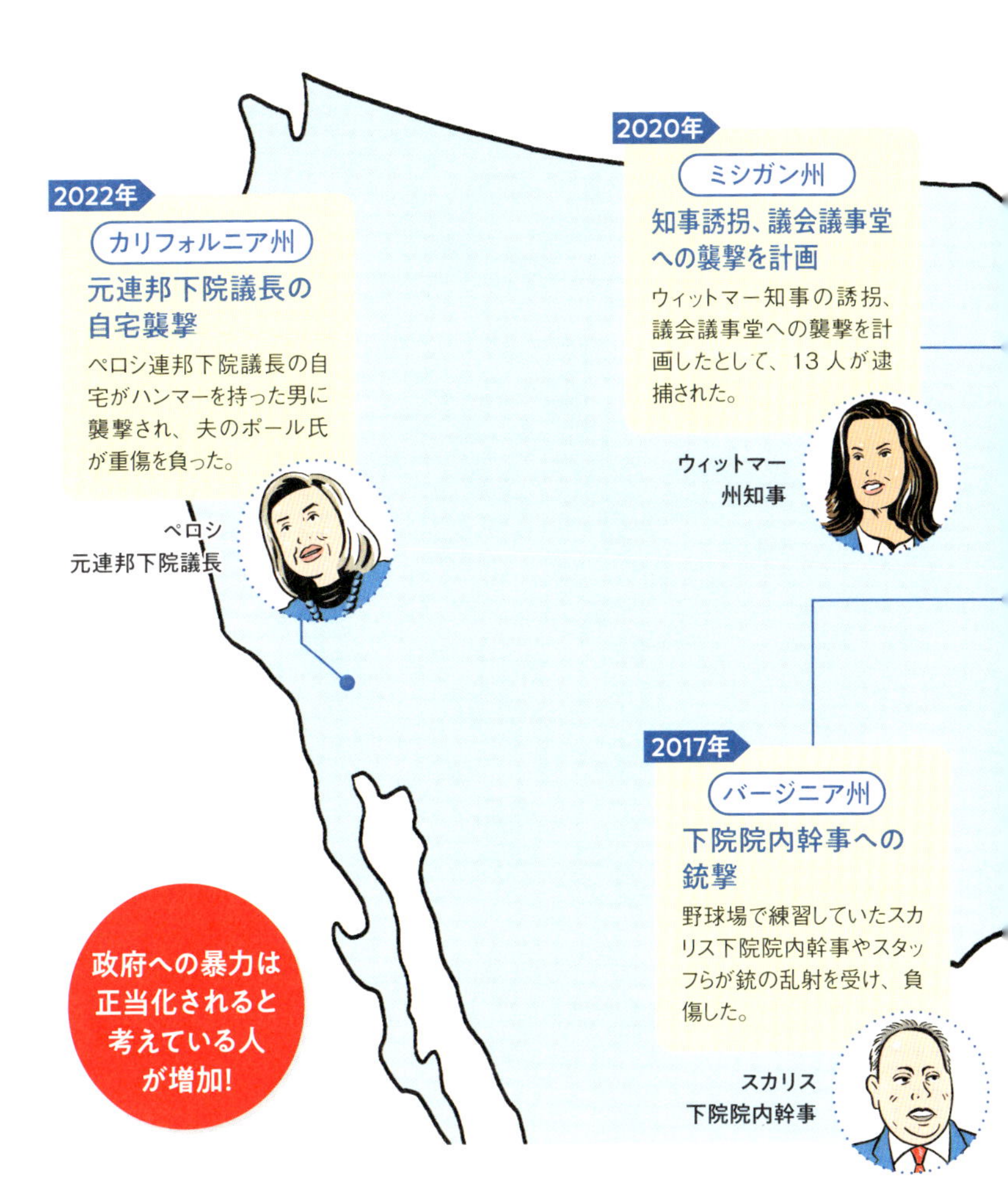

2022年
カリフォルニア州
元連邦下院議長の自宅襲撃
ペロシ連邦下院議長の自宅がハンマーを持った男に襲撃され、夫のポール氏が重傷を負った。
ペロシ
元連邦下院議長
2020年
ミシガン州
知事誘拐、議会議事堂への襲撃を計画
ウィットマー知事の誘拐、議会議事堂への襲撃を計画したとして、13人が逮捕された。
ウィットマー
州知事
2017年
バージニア州
下院院内幹事への銃撃
野球場で練習していたスカリス下院院内幹事やスタッフらが銃の乱射を受け、負傷した。
スカリス
下院院内幹事
政府への暴力は正当化されると考えている人が増加!

アメリカではこの事件の少し前から、州知事や下院院内幹事、下院議長といった政治家を襲撃する事件が頻発しています。2023年に発表されたある調査によると、アメリカではなんと**約23%もの人が、「国を救うためには、政治的暴力が許される可能性がある」**と答えているのです。

分断が進み、極端な意見を持つ人が増え、また、政治が停滞しているため、アメリカは危険な状態になっているといえるでしょう。

アメリカの分断

Point 3

実は現在、分断のせいで内戦が起こってもおかしくない状態

各国のポリティ・インデックス

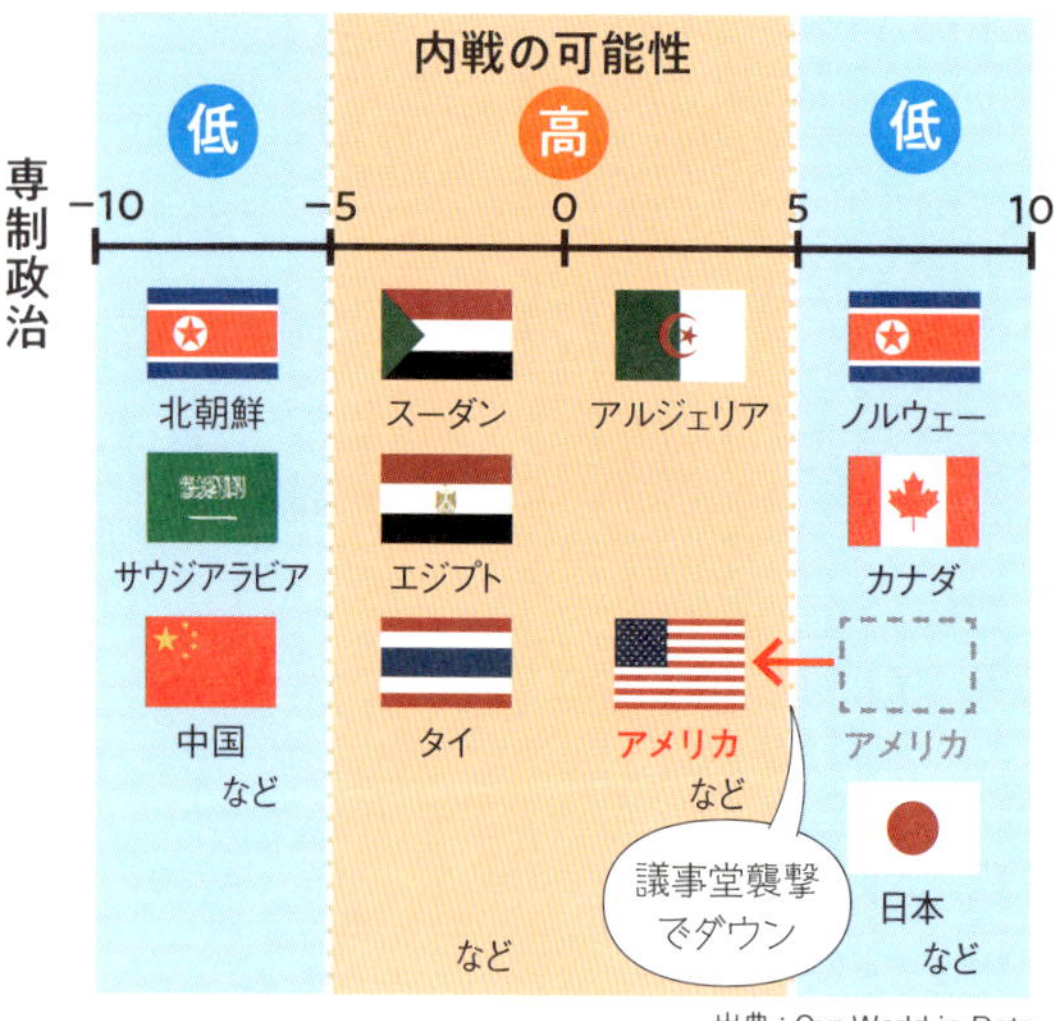

出典：Our World in Data

これまでに内戦が起こった国と似た状態に

KEYWORD

ポリティ・インデックス

国の統治機構がどの程度専制的か、民主的かを示す。10はノルウェーやカナダなど、－10は北朝鮮など。完全なる専制政治であれば意外と内戦は起こりにくいという。

白人とそれ以外の戦いが起こる!?

内戦の専門家によると、現在のアメリカは、分断が進行し、内戦発生のリスクが非常に高いそうです。それを示すのが「ポリティ・インデックス」という指標。統治機構について、専制的～民主的のレベルを示す指標で、-10が完全な専制政治、10が

少なくない白人の意識の変化

これまでの意識

古くからアメリカの中心は白人であり、特にWASP（ホワイト・アングロ・サクソン・プロテスタント）の人が、社会的地位が高かった。

古くからここに住み、国の中心であるわたしたちこそがアメリカの主役だ！

黒人やヒスパニック、アジア系

2021年の議事堂襲撃事件の参加者もWASPが多数！

近年

少しずつ社会的身分の高い黒人やアジア系などが増加。そのため、白人は、かつての地位を取り戻したいという思いから分断が発生。

黒人やヒスパニック、アジア系にこれまでの地位が脅かされている！

黒人やヒスパニック、アジア系

完全な民主政治とするもの。**内戦が起こりやすのは、このなかで-5～5であり、アメリカは2021年に+7から+5に下落**し、内戦リスクの高い範囲なのです。もう1つ、内戦リスクを高めるのが、かつては社会で優位だったが、没落したと感じる人々の存在です。これまでアメリカは白人中心の社会でしたが、近年は黒人などの地位が向上し、**「立場を奪われた」と感じる白人は少なく**ないのです。こうした人々が内戦の引き金になるといわれています。

COLUMN
02

あなたは何人知っている!? アメリカの歴代大統領

46 人いるアメリカの過去の大統領を見てみましょう。

	名前	任期	政党
第1代	ジョージ・ワシントン	1789年4月30日~ 797年3月4日	無所属
第2代	ジョン・アタムズ	1797年3月4日~1801年3月4日	連邦党
第3代	トーマス・ジェファーソン	1801年3月4日~1809年3月4日	民主共和党
第4代	ジェームズ・マテイソン	1809年3月4日~1817年3月4日	民主共和党
第5代	ジェームズ・モンロー	1817年3月4日~1825年3月4日	民主共和党
第6代	ジョン・クインシー・アタムズ	1825年3月4日~1829年3月4日	民主共和党
第7代	アンドリュー・ジャクソン	1829年3月4日~1837年3月4日	民主党
第8代	マーティン・ヴァン・ビューレン	1837年3月4日~1841年3月4日	民主党
第9代	ウィリアム・ハリソン	1841年3月4日~1841年4月4日	ホイッグ党
第10代	ジョン・タイラー	1841年4月6日~1845年3月4日	ホイッグ党
第11代	ジェームズ・ボーク	1845年3月4日~1849年3月4日	民主党
第12代	サカリー・テイラー	1849年3月5日~1850年7月9日	ホイッグ党
第13代	ミラード・フィルモア	1850年7月9日~1853年3月4日	ホイッグ党
第14代	ラランクリン・ビアース	1853年3月4日~1857年3月4日	民主党
第15代	ジェームズ・ブキャナン	1857年3月4日~1861年3月4日	民主党
第16代	エイプラハム・リンカーン	1861年3月4日~1865年4月15日	共和党
第17代	アンドリュー・ジョンソン	1865年4月15日~1869年3月4日	民主党
第18代	ユリシーズ・グラント	1869年3月4日~1877年3月4日	共和党
第19代	ラザフォード・ヘイズ	1877年3月4日~1881年3月4日	共和党

	名前	任期	政党
第20代	ジェームズ・ガーフィルド	1881年3月4日~1881年9月1 9日	共和党
第21代	チェスター・A・アーサー	1881年9月19日~1885年3月4日	共和党
第22代	グロバー・クリーブランド	1885年3月4日~1889年3月4日	民主党
第23代	ベンジャミン・ハリソン	1889年3月4日~1893年3月4日	共和党
第24代	グロバー・クリーブランド ※第 22 代と同じ	1893年3月4日~1897年3月4日	民主党
第25代	ウィリアム・マッキンリー	1897年3月4日~1901月9日14日	共和党
第26代	セオドア・ルーズベルト	1901年9月14日~1909年3月4日	共和党
第27代	ウィリアム・タフト	1909年3月4日~1913年3月4日	共和党
第28代	ウッドロウ・ウイルソン	]913年3月4日~1921年3月4日	民主党
第29代	ウオレン・ハーディング	1 921年3月4日~1923年8月3日	共和党
第30代	カルビン・クーリッジ	1923年8月3日~1929年3月4日	共和党
第31代	ハーバート・フーヴァー	1929年3月4日~1933年3月4日	共和党
第32代	フランクリン・ルースベルト	1933年3月4日~1945年4月12日	民主党
第33代	ハリー・S・トルーマン	1945年4月12日~1953年1月20日	民主党
第34代	ドワイト・D・アイゼンハワー	1953年1月20日~1961年1月20日	共和党
第35代	ジョン・F・ケネディ	1961年1月20日~1963年11月22日	民主党
第36代	リンドン・ジョンソン	1963年11月22日~1969年1月20日	民主党
第37代	リチャード・ニクソン	1969年1月20日~1974年8月9日	共和党
第38代	ジェラルド・R・フォード	1974年8月9日~1977年1月20日	共和党
第39代	ジミー・カーター	1977年1月20日~1981年1月20日	民主党
第40代	ロナルド・レーガン	1981年1月20日~1989年1月20日	共和党
第41代	ジョージ・H・W・ブッシュ	1989年1月20日~1993年1月20日	共和党
第42代	ビル・クリントン	1993年1月20日~2001年1月20日	民主党
第43代	ジョージ・W・ブッシュ	2001年1月20日~2009年1月20日	共和党
第44代	バラク・オバマ	2009年1月20日~2017年1月20日	民主党
第45代	ドナルド・トランプ	2017年1月20日~2021年1月20日	共和党
第46代	ジョー・バイデン	2021年1月20日~2025年1月20日	民主党

PAST

過去

140ページ

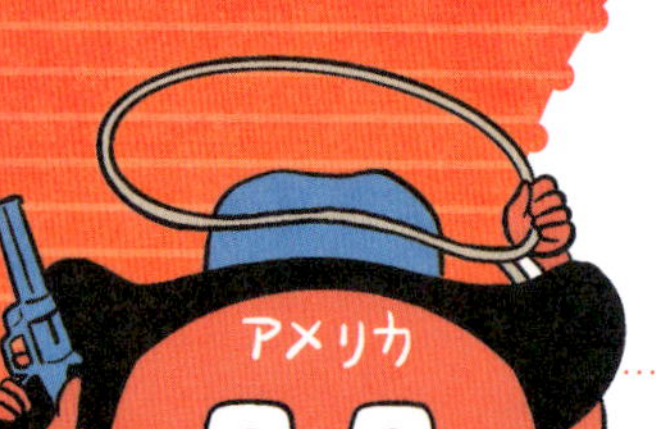

近づいたり離れたりを繰り返してきた

日本の近代化のきっかけの1つはアメリカであり、その後は協調、敵対、占領など、さまざまな関係に変化しました。

PRESENT

現在

144ページ

表面的にはもっとも友好的な関係だが

日本側もアメリカ側も、互いにいいイメージを持っている人が多いようですが、アメリカ側には徐々に変化も。

FUTURE

未来

148ページ

大統領選を経て、
どうなる日米関係

今後、日本とアメリカの距離は
より近くなっていくのか、あるいは
袂を分つ日がくるのか……
どう変化していくのでしょう。

PART

アメリカと日本

最後に、日本とアメリカの
関係をみてみましょう。

THE UNITED
STATES OF
AMERICA

PAST
まずはざっくり
OVERVIEW

【日米関係の過去】

1853年、浦賀にペリーが来航し、江戸は大騒ぎに

艦隊は浦賀沖に停泊。ペリーが久里浜へ上陸し、アメリカ合衆国大統領の国書を幕府に渡し、日米和親条約の締結につながりました。

日本の近代化の扉を（無理やり）開いたのはアメリカ！

日本の近代化のきっかけはアメリカ

江戸時代、鎖国により外国とは最低限の付き合いしかなかった日本。いい悪いは別にして、**世界と交わるきっかけになり、近代化の扉を開いたのはアメリカ**ともいえるでしょう。

アメリカは貿易と捕鯨の中継地として開国を求めました。世界進出のアメリカと、国際社会を知らない日本。当時は、不平等条約を押し付けるなど、**国として大きな差がありました。**

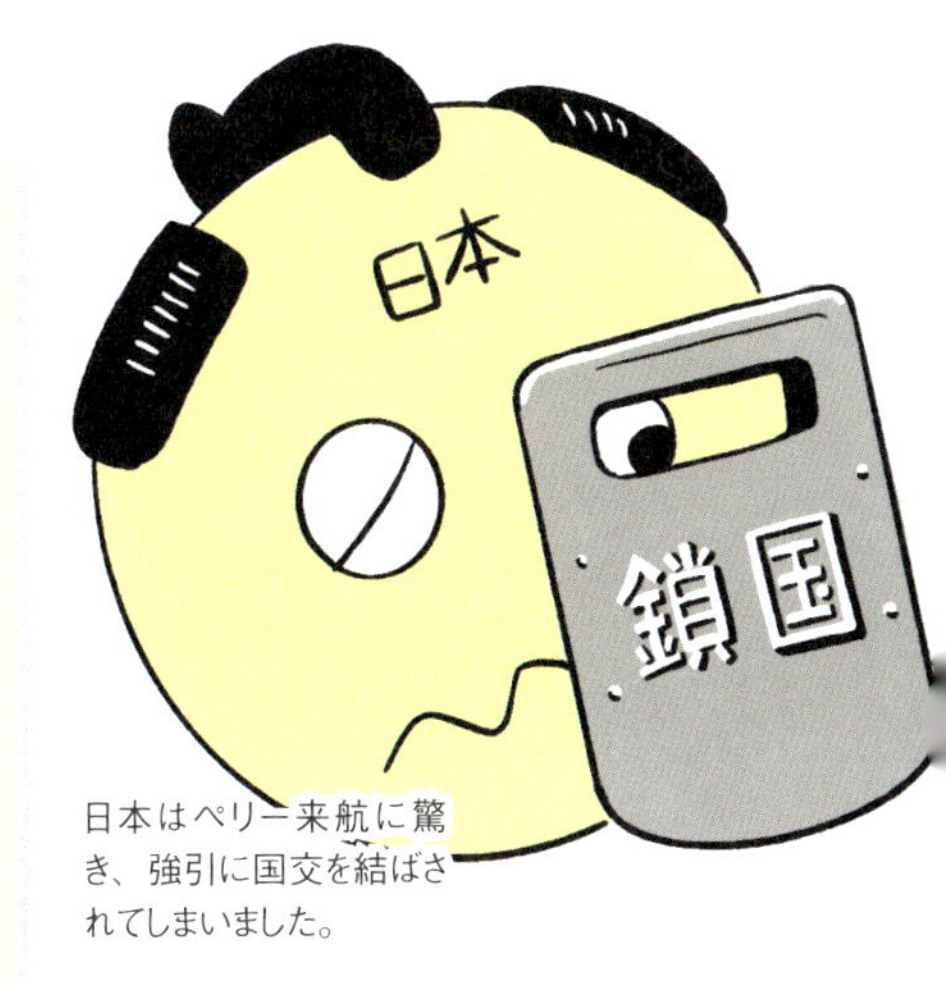

日本はペリー来航に驚き、強引に国交を結ばされてしまいました。

その後

不平等条約を結ばされ、改正の努力を重ねる

日米修好通商条約は、日本側に治外法権や関税自主権がなく、不平等なものでした。

日米関係年表

1853年	東インド艦隊司令長官ペリーが来航
1854年	再びペリーが来航し、日米和親条約を締結
1856年	駐日総領事ハリスを下田に来航
1858年	日米修好通商条約を締結
1868年	明治維新
1871年	岩倉使節団がサンフランシスコに到着(南北戦争や明治維新)
1899年	日米通商航海条約により、治外法権撤廃
1905年	日露戦争後、アメリカでポーツマス条約を締結
1911年	日米通商航海条約改正により関税自主権を回復
1917年	第一次世界大戦にアメリカ参戦同じ連合国として戦う
1921年	ワシントン会議で四カ国条約を締結
1924年	アメリカ合衆国で排日移民法が施行
1937年	日中戦争により日米関係が悪化
1941年	日本はハワイへ真珠湾攻撃
1942年	ミッドウェー海戦、ガダルカナル島の戦い
1945年	8月6日広島へ原爆投下、9日の長崎へ原爆投下 14日ポツダム宣言受諾

Point

同陣営から衝突、被爆国になり敗北。いろいろあったアメリカと日本

味方～敵～支配下と変わる日米関係

幕末から終戦まで、約100年の間に、日本とアメリカの関係や距離感は、目まぐるしく変化します。

第一次世界大戦の時代は、距離感はそれほど近くありませんでしたが、一応、**同じ連合国側の仲間**でした。その後、日本が海外に進出し、

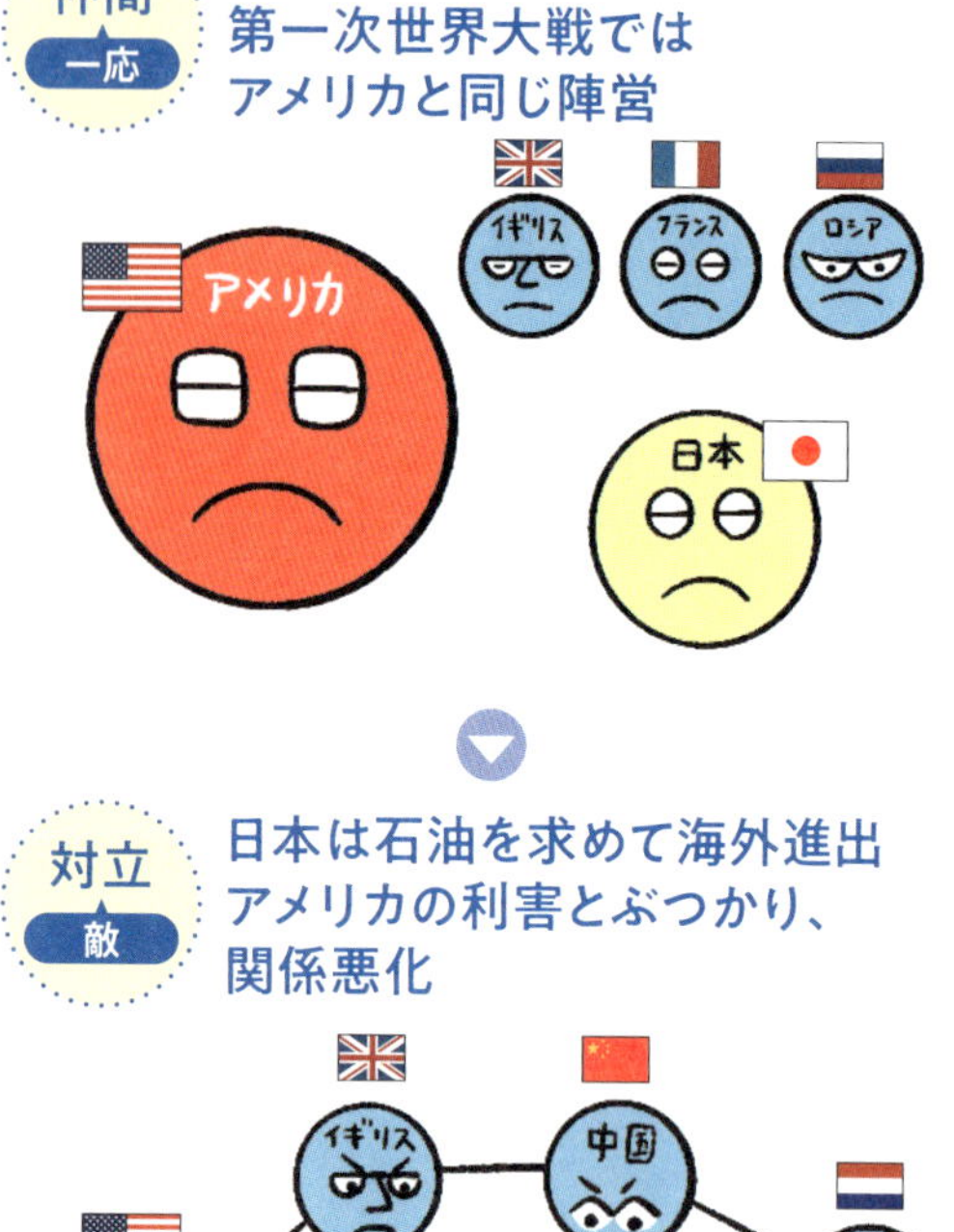

ハワイの真珠湾を攻撃し、開戦
だが次第に主導権を握られ、敗北

真珠湾攻撃

ミッドウェー海戦

沖縄戦

世界で唯一の被爆国になり、降伏
アメリカに占領される

軍拡しはじめると、日本とアメリカは利害がぶつかり、**徐々に対立を深めます。**

そして、**日本の真珠湾攻撃をきっかけに開戦。**ミッドウェー海戦、沖縄戦などを戦い、広島と長崎に世界で初めて原子爆弾を投下され、日本は降伏。1945年に終戦を迎えます。

その後、**日本はアメリカを中心とした連合国に占領**され、アメリカの支配下に入ります。その状態は1952年にサンフランシスコ平和条約が発効されるまで7年間続きました。

日米関係の現在

国民同士は距離の近い日本とアメリカ

国民感情

アメリカ人の好感度ランキング

1位	カナダ
2位	イギリス
3位	フランス
4位	日本

出典：
Americans Favorable Ratings（GALL UP）

日本人の諸外国との親近感

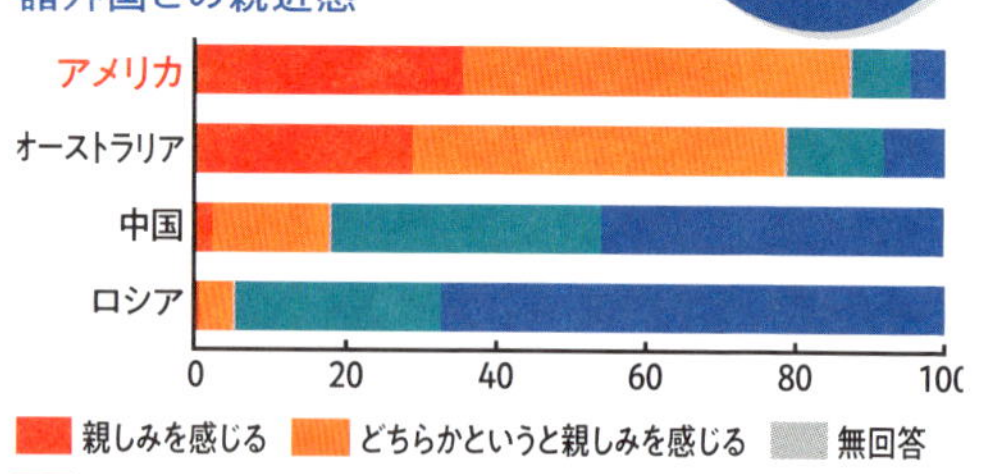

出典：外交に関する世論調査（内閣府）

経 済

アメリカ

順位	輸入		順位	輸出	
1位	中国	16.5%	1位	カナダ	17.3%
2位	メキシコ	14.0%	2位	メキシコ	15.7%
3位	カナダ	13.5%	3位	中国	7.5%
4位	日本	4.6%	4位	日本	3.9%

出典：米国の貿易と投資（JETRO）

日本

順位	輸入		順位	輸出	
1位	中国	21.0%	1位	中国	19.4%
2位	アメリカ	9.9%	2位	アメリカ	18.6%
3位	オーストラリア	9.8%	3位	韓国	7.2%

出典：
輸入（輸出）相手国上位10カ国の推移（税関）

いまだに経済的な結びつきも強いほう

基本的には近しい（はずの）日米関係

日本とアメリカ、現在はどんな関係なのでしょうか。

ある調査によれば、米国民と日本国民同士は、親しみを抱く人が多く、**互いにいいイメージがある**ようです。経済的にも、割合は減少していますが、**いまだに結びつきがあります**。

軍事については、自衛隊と米軍は異なりますが、**日本の防衛力整備はアメリカの考え方などを参考にしている面も多い**ようです。

＼ 現在の日米関係の大元 ／

日米安保条約

日本の平和を維持する目的で締結された、日本とアメリカの軍事関係の規定。もし日本の領土が他国から攻撃を受けた場合、同盟国として米軍も出動するというもの。

＼ 安保条約在日米軍の決まり ／

日米地位協定

1960年に締結された、日本に駐留する米軍が日本で円滑に活動できるようにするための協定。施設や区域の提供や経費、関税などについて定めている。

日米安保条約などに関しては、安保闘争と呼ばれる反対運動が起こり、大学などでは学生運動にも広がっていきました。

日米関係の現在

Point

日本は西側陣営の一員だが、アメリカは孤立主義に戻る気配も

［ 経 済 ］

バブル期 日本はアメリカと並ぶ経済大国になり、アメリカと貿易摩擦が起こる

現在 アメリカは成長を続け、日本は停滞。対中国へ向け、団結

現在の経済と安全保障

日本とアメリカの関係について、経済や国際関係について、みてみましょう。

1955年～1973年頃まで、日本は高度経済成長で、急速に発展。1986年～91年にはバブル期を迎え、日本はアメリカと並ぶ経済大国になります。この時代、日米

安全保障

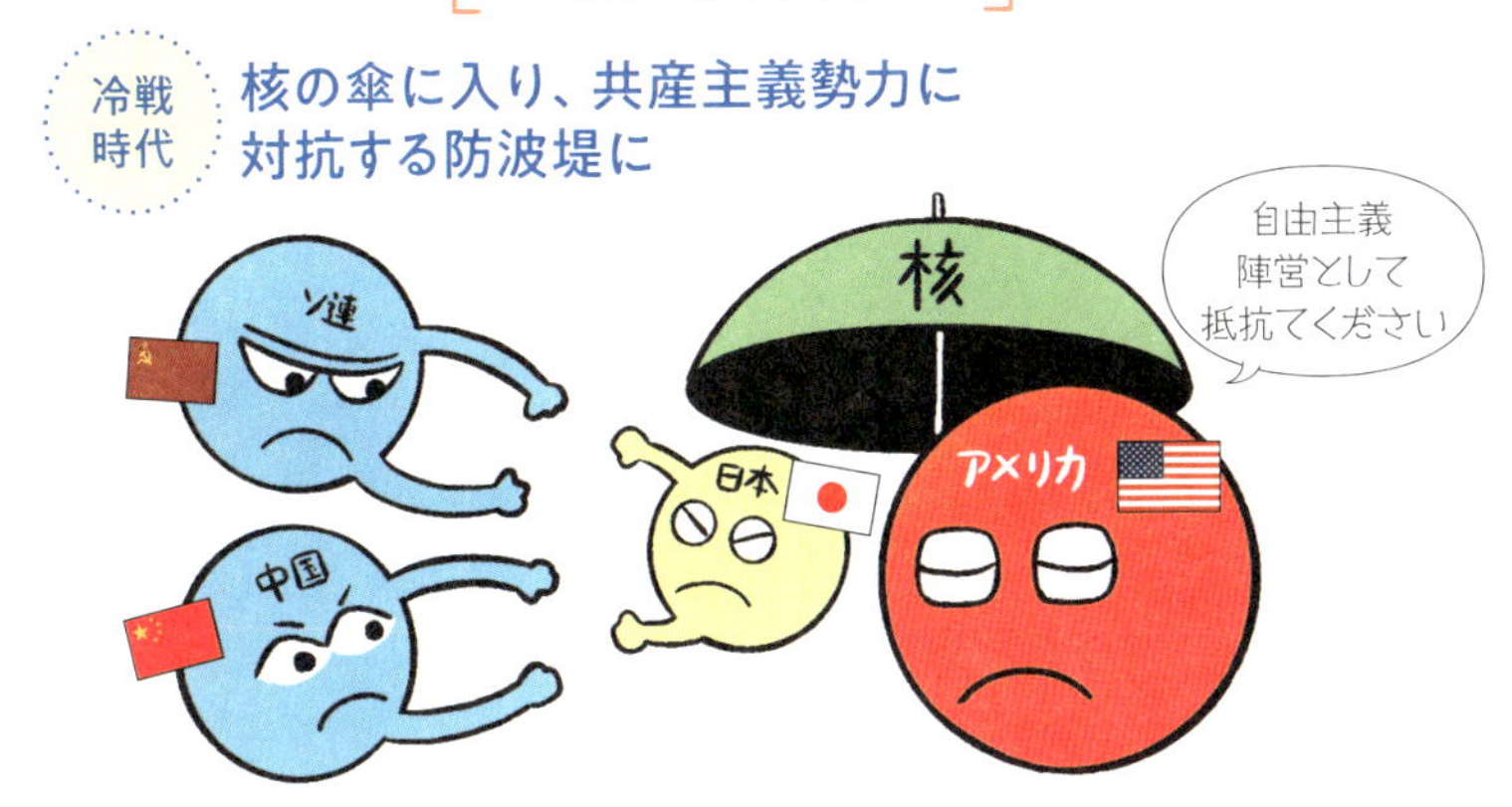
冷戦時代
核の傘に入り、共産主義勢力に対抗する防波堤に
自由主義陣営として抵抗てください
核
ソ連
中国
日本
アメリカ

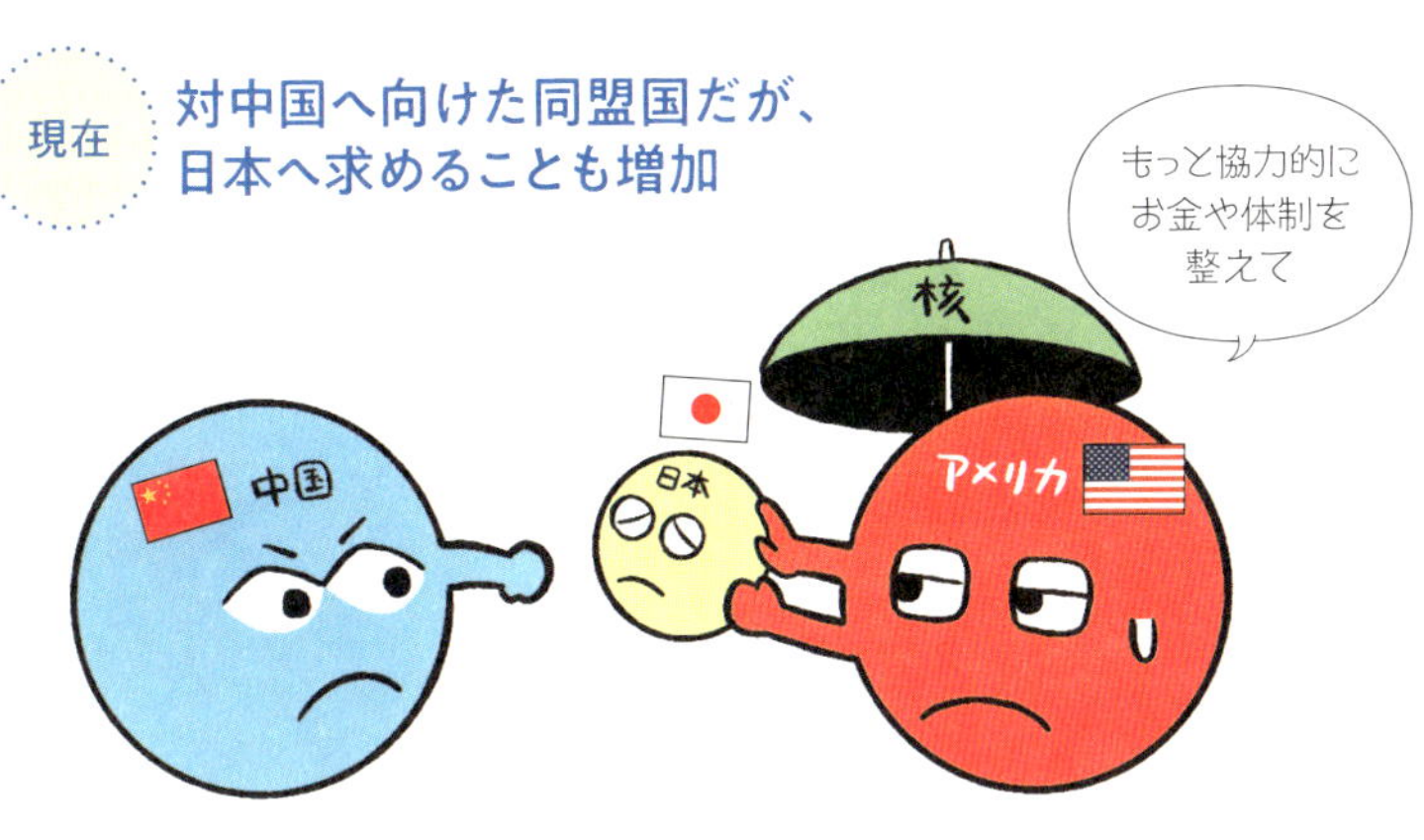
現在
対中国へ向けた同盟国だが、日本へ求めることも増加
もっと協力的にお金や体制を整えて
核
中国
日本
アメリカ

は貿易摩擦が起こり、**経済的には対立**することもありました。その後、日本経済は長い低迷の時代に入りますが、アメリカは成長を維持。現在は中国に対し、**日米で協調**している状態です。

国際関係では、冷戦時代、日本はアメリカの核の傘に守られながら、自由主義勢力の一員として**共産主義勢力との防波堤**になっていました。現在、アメリカは「統合抑止」という方針（P80）で、日本や他国と協力しながら、**中国やロシアへ抑止力**を発揮させています。

【日米関係の 未来】

世界一の覇権国として
岐路に立つアメリカ

アメリカの動きが世界の方向を決める

これまで、アメリカは長きにわたり世界で唯一の超大国として大きな影響力を持ってきました。しかし、現在、国内は社会分断の危機、国外は中国の台頭にロシアの強権主義的な動向と大きな岐路を迎えています。未来へ向け、アメリカが**他国と協調しながら世界の秩序を守る役割を維持**するのか、もしくは、かつてのように**孤立主義になっていく**のか、今後に注目しましょう。

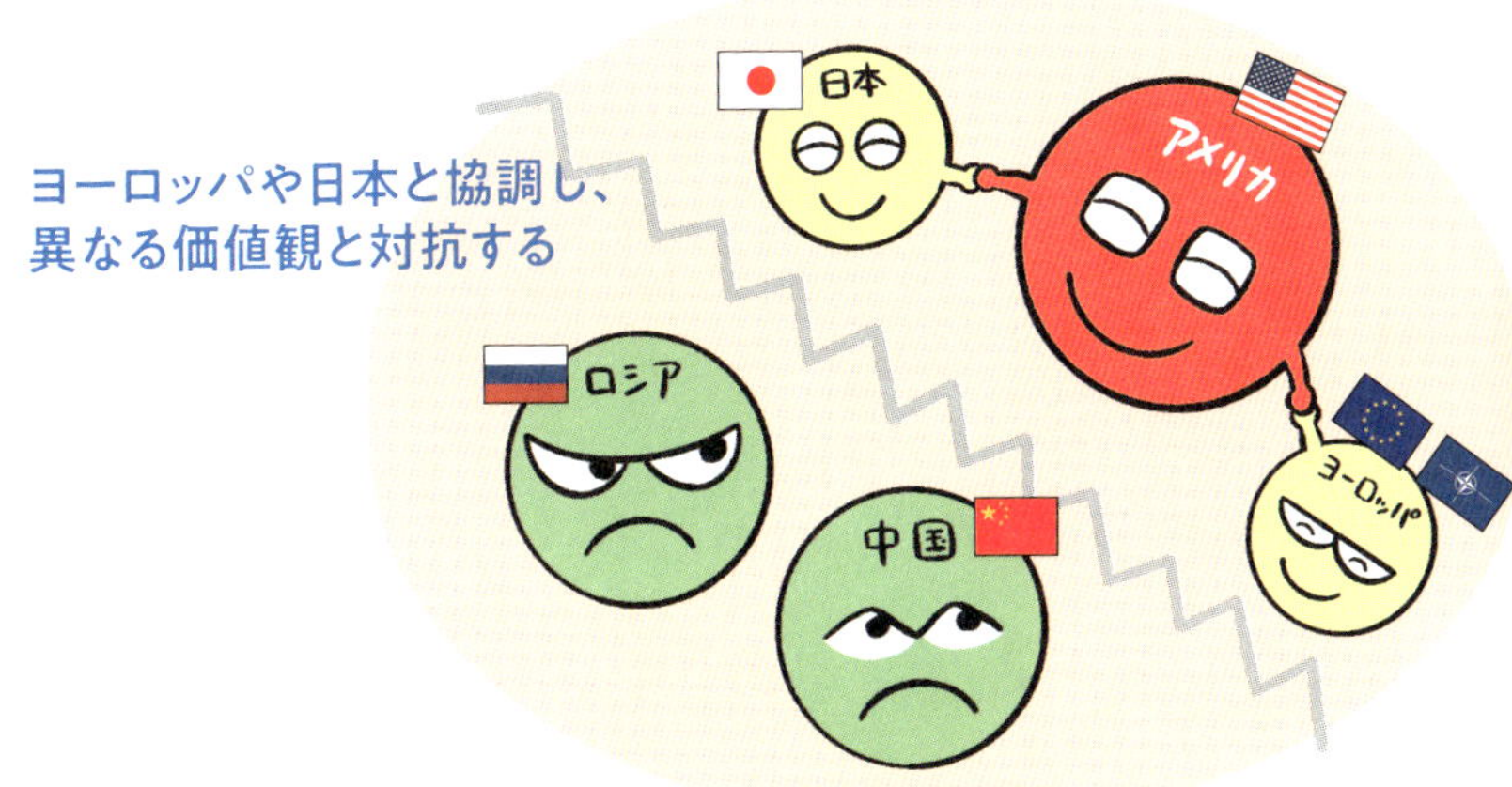

ヨーロッパや日本と協調し、異なる価値観と対抗する

自国の成長と発展だけを考え、他国への介入は最低限に

COLUMN
03

世界のエネルギー事情が大きく変化したアメリカのシェール革命

硬い層から採掘されるシェールガスとシェールオイル

現在、世界でもっとも多くの石油や天然ガスが算出される国を知っていますか? 石油ならば中東の国、天然ガスならばロシアなどと考える人が多いかもしれませんが、実はどちらもアメリカなのです。

あまり知られていませんが、アメリカは現在、石油や天然ガスの世界最大の算出国になっています。かつて、アメリカは多くの石油を中東などから輸入していましたが、自国内で算出されるようになったのは、世界中のエネルギー事情を大きく変えた「シェール革命」がありました。

シェールとは堆積岩の一種である「頁岩(けつがん)」のこと。地下約2,000m にあるシェール層から採れるガスを「シェールガス」、石油を「シェールオイル」と呼びます。古くから、その存在は知られていましたが、生産コストや技術的な問題から、開発が見送られてきました。

しかし、2000 年代後半頃に、水圧をかけて頁岩の層を砕いて石油を回収する水圧破砕技術という技術が発達し、アメリカを中心に、シェールオイルの採掘が実用化されていったのです。

アメリカのシェールオイルの生産量はコロナ禍の期間を除いて、

増え続けており、2008 年時点の 1 日に生産・処理される量は約 500 万バレルでしたが、2014 年は 800 万バレルを超え、2018 年には 1,100 万バレル弱となり、2024 年には 1,300 万バレルを超えるまで増加しています。

政治的な存在であるエネルギーだがメリットは多い

石油や天然ガスなどのエネルギーは、国家の根幹に関わるため、非常に政治的な存在であり、シェールオイルは世界のエネルギー事情、さらには国同士の関係性を大きく変化させています（これを「シェール革命」といいます）。

実際、アメリカが世界に大きな影響力を持っていたのも、エネルギーを安定供給することが目的の 1 つであり、中東から多くの石油を輸入していた時代と、輸入量が約半減している現在では、中東とアメリカの関係性は変化しているといわれています。

一方でロシアによるウクライナ侵攻など、国際的に大きな動乱が起きた際、自国内で石油や天然ガスなどのエネルギーを生み出せることは非常に大きな優位性になっています。

ただし、水圧破砕技術は、水資源の大量使用や汚染、石油や天然ガス回収過程での有機化合物、メタンガス発生の問題が指摘されています。

用語辞典

誌面の関係上、本編ではあまり取り上げられなかった言葉を中心に、解説していきます。

暗黒の木曜日

P32

1929年10月24日、ニューヨーク株式取引所で株価が大暴落した木曜日のこと。のちに世界中に波及する「世界恐慌」のはじまりとなった。

イスラエル・ロビー

P55など

アメリカの政策をイスラエルに有利な方向へと誘導しようとするロビー活動。ユダヤ人やユダヤ教徒に多い。

一帯一路

P123など

中国が2017年頃から推進する、中国と中央アジア、中東、ヨーロッパ、アフリカを陸路と海上航路でつなぐ物流ルートをつくって貿易を活発化させ、広域経済圏を構築する構想。

移民

P20など

さまざまな定義があるが、国連の国際移住機関では、本来の居住地を離れ、国境を越えるか、もしくは一国内で移動している、または移動した人を指す。アメリカはもともとヨーロッパからの移民を中心に建国された国であり、また、その後ももっとも多くの移民を受け入れているので、移民の国といわれている。

イラク戦争

P40

2003年、「テロとの戦い」を旗印に、大量破壊兵器の脅威を取り除くため、アメリカを中心にした連合軍がイラクに対して軍事介入を行った。イラクのフセイン政権を倒したが、大量破壊兵器は発見されず、国内外から大きな批判が発生した。

イラン・イラク戦争

P40など

1980～1988年にイランとイラクで行われた戦争。イラクのサダム・フセイン大統領が軍にイランへの侵攻を命じ、戦闘が巻き起こった。アメリカはイラクを支援した。

ウィリアム・ペン

P20

ペンシルベニア州の創設者。1681年に、ペンの父がイギリスに貸したお金の代わりに、イギリスからウィリアム・ペンにあたえられた土地を「ペンシルベニア（ペンの森）」と命名。プロテスタントのクウェーカー教徒でもあったペンは、ペンシルベニア植民地を宗教の自由や民主主義で治めた。その後のアメリカ合衆国憲法の成立にも影響をあたえたとされる。

共産主義

P38など

財産の私有を否定し、すべての財産を共同体で所有することで、貧富の差のない社会の実現を目指す思想。

協商国

P30

第一次世界大戦で対立した陣営の一つ。イギリスとフランス、ロシアの三国協商を中心とした陣営で、のちに連合国に発展。

禁酒法

P70

アメリカの禁酒法は、1920～1933年まで施行された、飲酒するための酒類の製造、販売、輸送が禁止された法律。

金ピカの時代

P28など

南北戦争後、1870年代～19世紀初頭の拝金主義や政治腐敗、所得格差拡大の風潮を揶揄した言葉。『トム・ソーヤの冒険』で知られるマーク・トウェインらが書いた同名の共著小説に由来する。

クウェーカー教

P20など

キリスト教プロテスタントの一派。神の言葉に感動に身を震わせる人々（クウェーカー）という意味からその名で呼ばれた。

大きな政府

P130など

政府が積極的に経済活動へ介入して経済を安定させ、所得格差を是正しようとする考え方。政府の財政支出が増えるため、社会保障費などの国民負担率が高くなる傾向がある。主に北欧の国などが該当。

オバマ(バラク・オバマ)大統領

P117など

史上初のアフリカ系アメリカ人として2009年から8年間大統領を務めた。リーマン・ショック後の経済危機のなかで就任し、予防医療の強化、保険料の軽減など、オバマケアと呼ばれる医療制度改革や経済復興政策、環境政策、外交政策（イラン核合意やキューバとの国交正常化など）などを推進。

か行

議院内閣制

P57など

国民を代表する国会の信任に基づいて内閣が成立し、内閣は国会に対して連対して責任を負う制度。内閣総理大臣は国会議員のなかから国会の議決で指名される。アメリカは、大統領と議会議員の両方を有権者が選挙で選ぶ二元代表制が採られている。

キューバ危機

P39

1959年、カストロが共産主義政権を樹立させたキューバ革命により、キューバはソ連と同盟を結び、アメリカとの関係が悪化。1962年、ソ連がキューバに核ミサイル基地を建設していることをアメリカが発見し、核戦争の瀬戸際にまでいたった危機。

孤立主義

P30など

アメリカにおいては、第5代大統領のジェームズ・モンローが提唱した、アメリカ大陸とヨーロッパは相互に干渉しないという考え方。アメリカの外交政策の基本といわれている。モンロー主義とも。

コロンブス

P20

大航海時代を代表する探検家。インドを目指して大西洋へ出航し、アメリカ大陸周辺のハバマ諸島の1つであるサン・サルバドル島に到達した。キリスト教の白人としては最初にアメリカ海域へ到達したとされている。

さ行

シェール

P150

[→頁岩]

サンフランシスコ平和条約

P143など

1951年、第二次世界大戦・太平洋戦争の連合国と日本が締結した平和条約。この条約により、連合国は日本国の主権を承認した。

自由で開かれたインド太平洋

P122

インド洋と太平洋、アフリカとアジアの結びつきを強め、国際社会の安定を目指す構想。2016年当時、中国の台頭を意識するなかで安倍晋三首相が提唱した。現在、この構想はアメリカやヨーロッパにまで広がっている。

グラント(ユリシーズ・グラント)大統領

P28

南北戦争時の北軍の指揮官で、戦後、第18代大統領に就任。1870年代～1900年代初頭にかけて経済発展した金ピカの時代に、政治の腐敗や不正が横行した時期の象徴的存在ともいわれる。

頁岩

P150

砂や泥が積もってできた堆積岩の一種。頁岩の地層にはシェールオイル、シェールガスと呼ばれる石油や天然ガスなどのエネルギーが混じっている。

権利章典(アメリカ)

P67など

アメリカにおける権利章典とは、憲法の人権保障規定。合衆国憲法の最初の修正条項であり、修正第1条～修正第10条のこと。

五大湖

P42など

アメリカとカナダの国境付近にある5つの湖の総称。スペリオル湖、ミシガン湖、ヒューロン湖、エリー湖、オンタリオ湖の5つ。

コモン・センス

P23など

アメリカ独立戦争中の1776年にトマス・ペインが発行した、アメリカの独立の必要性を説いた冊子。独立という世論が高まる要因の1つになったといわれる。

た行

大陸会議

P23

アメリカが植民地だった時代に、本国であるイギリスに対抗するために組織された、13の植民地の代表が集まった会議。第1回は1774年、第2回は1775年に開かれ、ワシントンを総司令官に任命し、1776年には独立宣言を発表した。独立戦争後は臨時政府の役割を果たした。

小さな政府

P130など

政府が経済活動に介入することをできる限り減らし、市場原理による自由競争をうながす考え方。アメリカの基本的な姿勢とされている。

チャーター・スクール

P85

公立学校の一種だが、一般の公立学校よりもカリキュラムや教育方法の自由度が高く、独自の教育方針を打ち出すことが可能。特定の学問分野に重点を置いたり、不登校の子供の受け皿になったりする学校もある。

中央同盟国

P30

第一世界大戦における「ドイツ帝国」「オーストリア＝ハンガリー帝国」「オスマン帝国（トルコを中心としたイラク、サウジアラビアなどの中東に位置した帝国）」、そして「ブルガリア王国」の4カ国を指す。これらは、主に協商国、のちの（連合国）に対抗して戦争を行った。

シリコンバレー、シリコンヒルズ

P45など

シリコンバレーにはカリフォルニア州サンフランシスコ市南部のエリア。多数の半導体メーカーやIT企業、その研究所や関連施設などが密集している。近年、規制の厳しいカリフォルニア州をさけ、税率の低いテキサス州のオースティンに移転する企業が増加。この地域をシリコンヒルズと呼ぶ。

新冷戦

P122

アメリカとソ連が争った冷戦に対し、主に現在のアメリカやヨーロッパ、日本などの陣営と、ロシアや中国、北朝鮮などの陣営の対立を表現した言葉。

枢軸国

P35

第二次世界大戦で、アメリカやフランス、イギリスなどの連合国と対立した日本、ドイツ、イタリアを中心とした国々。フィンランドやハンガリーやルーマニア、タイなどが含まれる。

選挙人

P62

アメリカの大統領選挙において、選挙人集会で大統領と副大統領を選出する人々。選挙人の数は、州ごとに連邦上下院の合計議席と同数が割り当てられている。

全国党大会

P62

共和党と民主党が4年ごとに開催し、大統領候補と副大統領候補を指名する。また、党の政策綱領の採決なども行う。

な行

南部連合

P27

1860年に奴隷制拡大に反対するリンカーンが大統領に当選したことで、合衆国を脱退し、南部諸州が形成した政治連合。

日英同盟

P30

1902年にイギリスと日本が結んだ軍事同盟。中国などにおける権益を相互に認め、ロシアの南下に抵抗することなどが目的だった。1923年に失効。

日米貿易摩擦

P146

日本の高度経済成長後の1970年代～1990年代に、日本とアメリカの間で起きた貿易の対立。アメリカは日本の輸出により自国の産業が打撃を受けているとし、規制が強かった日本市場の開放や関税の低下などを要求した。

日露協約

P30

日露戦争後の1907～1916年に結ばれた、日本とロシアが東アジアにおける権益を相互に認め合った、勢力の分割協定。アメリカの満州進出に対抗する軍事同盟だったとされる。

ニューイングランド

P20など

アメリカ北東部の6州を合わせたエリア。メイン州、ニューハンプシャー州、バーモント州、マサチューセッツ州、ロードアイランド州、コネチカット州が含まれる。アメリカでもっと

朝鮮戦争

P39

第二次世界単線後、日本の占領から解放された朝鮮に、アメリカとソ連が、それぞれ北緯38度線を境に半島を分割占領し、韓国(アメリカ側)と北朝鮮(ソ連側)が樹立。1950年に朝鮮戦争に発展し1953年に休戦。

抵抗の枢軸

P127

中東において、イランが支援する武装組織のネットワークを意味する。パレスチナの「ハマス」やレバノンの「ヒズボラ」、イエメンの「フーシ派」などが含まれると考えられている。

同時多発テロ

P40、P55など

2001年9月11日にアメリカで発生したテロ攻撃。旅客機がハイジャックされ、そのうち2機がニューヨークのワールドトレードセンターに突入し、3,000人が死亡したといわれている。アメリカはアルカイダとオサマ・ビン・ラディンの犯行と考え、アルカイダを擁護するタリバン政権への報復のため、アフガニスタンでの軍事行動を開始。その後、2003年にはイラク戦争に発展。同時多発テロは、テロ対策の強化や国際政治の変化、社会の分断など、その後の現代社会にさまざまな影響をあたえた

トルーマン・ドクトリン

P37

第二次世界大戦後の1947年、トルーマン大統領が提唱した外交政策の指針のこと。ギリシャやトルコを支援するなどにより自由主義陣営の国々を増やし、共産主義に対して封じ込めを表明した指針。

ヒズボラ

P127など

1982年に結成された、レバノンの急進的なシーア派イスラム主義組織。アメリカや日本ではテロ組織に指定されている。

ピューリタン

P20

一般的には、16～17世紀にイギリス国教会に反抗し、ローマ・カトリックの慣行を排除しようとしたプロテスタントの一派。宗教的な迫害を逃れるため、メイフラワー号という船でアメリカに渡った。清教徒とも。

フーシ派

P127など

イエメンで活動する、イスラム教シーア派の反政府組織。ハマスとの連帯を示し、紅海で原油タンカーを攻撃するなどのテロ行為を行っている。

不平等条約

P141

本書では、主に1858年にアメリカと江戸幕府が結んだ日米修好通商条約を指す。「アメリカの治外法権を認める」「日本に関税自主権がない」など、日本側に不利な内容だった。

プレッシー対ファーガソン裁判

P103

ジム・クロウ法の成立後の1896年に行われた裁判。黒人のプレッシーが白人専用車両に乗り込み、逮捕・裁判を起こしたが、ファーガソン判事が「隔離しても平等なら差別ではない」という差別を正当化する判決を出した。その後、1954年まで影響をあたえた。

も歴史ある地域の1つであり、建国の母体となった13植民地の北部を占める。

ノルマンディー上陸作戦

P35

1944年、第二次世界大戦において連合国軍が展開した、ドイツが占領していたフランス北部への上陸作戦。作戦初日に連合国軍の約16万人の兵士が英仏海峡をわたり、ルマンディー海岸とコタンタン半島東岸に上陸した。歴史上最大規模の上陸作戦の1つといわれている。

は行

ハマス

P127など

1987年に結成された、パレスチナのスンナ派イスラム原理主義組織で、現在はガザ地区を統治している。アメリカや日本ではテロ組織に指定されている。

パリ条約

P23、P24など

この名前の条約は複数存在しているが、本書では主に、1783年にイギリスがアメリカの独立を承認した条約のことを指す。

ヒスパニック

P100など

アメリカでは、メキシコやキューバなどのラテンアメリカに出自がある人々を指し、スペイン語系ラテンアメリカの移民の総称として用いられる。ラティーノと呼ばれることも。近年はアメリカ国内で増加傾向にあるといわれている。

メディケア

P116など

メディケアは1965年に創設された、主に高齢者や障害者向け公的医療保険制度。

メディケイド

P116など

メディケイドは、メディケアと同時に創設された、主に低所得者向けの公的医療保険制度。州と国が運営している。オバマケアにより、対象者が大きく拡大。

ら・わ行

ラテン・アメリカ

P30

北米大陸と南米大陸、カリブ海の島々のうち、アメリカ合衆国とカナダ以外の地域を指し、メキシコやキューバ、ブラジル、ペルー、アルゼンチンなどの国々。

リーマン・ショック

P40など

2008年に起きた、アメリカの大手投資銀行であるリーマン・ブラザーズの倒産をきっかけに、世界的な金融危機と不況へと発展した現象。

リンカーン(エイブラハム・リンカーン)大統領

P26

1860年代の南北戦争時に大統領を務め、奴隷制の廃止、国家の統一維持、民主主義の理念を守るために尽力し、戦争終結後に暗殺された。「正義、自由、平等」を体現するアメリカの象徴として、歴史上もっとも著名で尊敬される指導者の1人。

フロンティア

P25など

本書ではアメリカが開拓したエリアと未開拓のエリアの境のことを指す。北米大陸の東側で建国されたアメリカは西部へ開拓を行い、西海岸へと到達。1890年代にはフロンティアの消滅が宣言された。

ホイッグ党

P136

第7代大統領のジャクソンに反発し、1834年頃に結成された政党。その後も数人の大統領を輩出したが、主に奴隷制度に対する対応で分裂し、1854年に結成された共和党に吸収され、1860年に消滅した。

ま行

マーシャル・プラン

P36

第二次世界大戦後の1947年に、国務長官のジョージ・マーシャルが唱えたヨーロッパ復興の援助計画。経済を安定させて共産主義の拡大を防ぐ狙いがあった。

ミッドウェー海戦

P34、P143など

1942年に太平洋の中心付近にあるミッドウェー島の周辺で行われた日本海軍とアメリカ海軍の海戦。この戦闘で日本は大敗して制空権や制海権を失い、太平洋戦争の戦局が転換するきっかけとなった。

民兵

P22、P108など

一般的には民間人で編成された軍隊。アメリカでは、英国軍と植民地の民兵との戦いが、独立戦争の端緒となったとされている。

湾岸戦争

P40など

1991年に発生した、イラクがクウェートに侵攻したことをきっかけに、米軍を中心とする多国籍軍がイラクへ攻撃を行った戦争。その後、イラクはクウェートから撤退した。

ロックフェラー（ジョン・ロックフェラー）

P29

近代的な石油産業の創設者。鉄鋼業界のアンドリュー・カーネギー、金融業界のジョン・モルガン（J・P・モルガン）とともに金ピカの時代の代表的な実業家。ロックフェラーが立ち上げたスタンダード・オイルは、反トラスト法違反により分割されたが、分割後の現在もエクソンモービルとシェブロンの2社は、世界に名だたる巨大企業に君臨している。

参考書籍

『アメリカ政治』『アメリカの歴史』（ともに有斐閣）、『アメリカは内戦に向かうのか』（東洋経済新報社）、『一冊でわかるアメリカ史』（河出書房新社）、『キャンセルカルチャー アメリカ、貶めあう社会』（小学館）、『現代アメリカ政治とメディア』（東洋経済新報社）、『サクッとわかるビジネス教養　新地政学』『サクッとわかるビジネス教養 防衛学』（ともに新星出版社）、『地図でスッと頭に入る アメリカ 50 州』（昭文社）、『北米研究入門「ナショナル」を問い直す』（ぎょうせい）

次に読むべき本

『アメリカ政治』（有斐閣）

複雑すぎて理解しにくいアメリカの政治を、その背景や政治制度の仕組みなどから多角的に解説してくれます。アメリカについて詳しく知りたくなった人はぜひ！

『アメリカの歴史』（有斐閣）

アメリカの歴史を、単純な時系列ではなく「空間」や「人種」「ジェンダー」「民主主義」などのテーマごとに解説した1冊。多様な視点でアメリカの歴史を学べます。

『サクッとわかるビジネス教養 防衛学』（新星出版社）

アメリカや日本、中国、ロシアなど世界各国の防衛戦略や、現在、世界にある対立の火種などをサクッと理解できます。

監修者　米国総合研究会

世界各国の防衛戦略や軍事の研究者を中心に、アメリカの歴史や政治、文化、ビジネス、日米関係などの情報収集・研究を行うメンバーで構成。アメリカ合衆国という覇権国を幅広い側面から包括的に研究を行っている。

サクッとわかる ビジネス教養　新アメリカ

2024年11月５日　初版発行

監修者　米国総合研究会
発行者　富永靖弘
印刷所　公和印刷株式会社

発行所　東京都台東区台東２丁目24　株式会社 新星出版社
〒110－0016　☎03(3831)0743

ISBN978-4-405-12037-2